Soûtra
du Dévoilement
du sens profond

Trésors du bouddhisme
Collection dirigée par Patrick Carré

DÉJÀ PARUS

Soûtra de la Liberté inconcevable :
Les enseignements de Vimalakîrti

Soûtra du Diamant
et autres soûtras de la Voie médiane

Buddhaghosa
Visuddhimagga,
le Chemin de la Pureté

Mipham
L'Opalescent Joyau
Nor-bu ke-ta-ka

Sengzhao
Introduction aux pratiques
de la non-dualité,
Commentaire du « Soûtra
de la Liberté inconcevable »

Soûtra des Dix Terres

Soûtra du Filet de Brahmâ

Hônen
Le gué vers la Terre Pure

Soûtra
du Dévoilement
du sens profond

Sandhinirmocanasûtra

Traduit du tibétain
par Philippe Cornu

Fayard

Introduction

Le Rien qu'esprit,
une autre vision de la vacuité

Après la parution du *Soûtra des Dix Terres* qui se rattache à l'immense collection de *L'Ornementation Fleurie* et au «troisième tour de roue du Dharma» selon la tradition indo-tibétaine, voici l'un des textes fondateurs de la philosophie du «Rien qu'esprit» qui sous-tend ce troisième cycle des enseignements du Bouddha. Le *Soûtra du Dévoilement du sens profond* est en effet l'un des ouvrages canoniques les plus fréquemment cités et commentés par les maîtres de ce courant qui constitue, avec celui de la «Voie médiane» ou *Mādhyamika*, l'un des deux principaux courants d'idées du Grand Véhicule.

Il est généralement malaisé de définir avec précision la date d'apparition d'un texte bouddhique indien. Le cas du *Sandhinirmocanasūtra* ne fait pas exception. Toutefois, ce texte fut traduit une première fois en chinois par Guṇabhadra vers 440, et l'on peut donc supposer qu'il s'agit d'une œuvre dont la composition écrite en sanskrit remonte au IIIe siècle. Doit-on en déduire que les idées véhiculées par le texte datent de cette époque? Ce serait négliger l'importance de la tradition orale en Inde, laquelle précède invariablement l'apparition du texte écrit. Tout au plus pouvons-nous constater que les idées du «Rien qu'esprit» semblent définitivement fixées lors de la parution du *sūtra* sous forme écrite.

Rappelons que les premiers *sūtra* du Mahāyāna apparaissent en Inde aux environs du début de l'ère chrétienne. Il s'agit essentiellement du *Prajñāpāramitāsūtra* en huit mille stances, du *Saddharmapuṇḍarīkasūtra* ou *Soûtra du Lotus* (Ier-IIe s.) et de quelques autres *sūtra* comme le *Śālistambhasūtra* ou *Soûtra de la Pousse de riz*, tous rattachés par la tradition indo-tibétaine au «second tour de roue» des enseignements du Bouddha, la phase d'enseignement où il exposa la vacuité universelle. Peu de temps après et dans la même veine apparaît le *Vimalakīrtinirdeśasūtra* ou *Soûtra de la Liberté inconcevable*. Bientôt, cependant, toute une nouvelle génération de *sūtra* du Mahāyāna va émerger, qui se distinguera des premiers par des thèses philosophiques plus soucieuses d'intégrer les phénomènes relatifs au sein d'une vision globale où tout apparence est le jeu de l'esprit. Il en sera ainsi du *Daśabhūmikasūtra* ou *Soûtra des Dix Terres*, qui sera intégré au cycle de l'*Avataṃsakasūtra* ou *Ornementation Fleurie*. Nous sommes à l'aube du IIIe siècle, et l'avènement du vaste recueil de l'*Ornementation fleurie* inaugure le troisième tour de roue des enseignements du Bouddha, consacré essentiellement à l'exposé de la vue du «Rien qu'esprit» et de la Nature de bouddha présente chez tous les êtres. Cependant, bien que la tradition associe complètement ces deux enseignements dans un seul et même tour de roue, il semble, d'un point de vue strictement historique, que les *sūtra* exposant la philosophie du «Rien qu'esprit» émergent les premiers. Aux côtés des *Dix Terres* et des autres chapitres de l'*Ornementation Fleurie*, on voit ainsi apparaître le *Sandhinirmocanasūtra*, le premier texte exposant clairement des éléments aussi fondamentaux que les trois caractéristiques ou natures des phénomènes (*trilakṣana, trisvabhāva*), la notion de conscience base universelle (*ālayavijñāna*), et le rien-que-cognition (*vijñaptimātra*, tib. *rnam par rig pa tsam*). C'est pour démontrer cette approche particulière de la vacuité, peut-être moins radicale mais certainement plus pragmatique que celle du Mādhyamika, que, au début du IVe siècle, Asaṅga et son frère Vasubandhu jettent les bases du courant philosophique qui portera indifféremment les noms de Yogācāra, Vijñānavāda ou Cittamātra. Rappelons brièvement ce qui distingue le Yogācāra du Mādhyamika. Le Mādhyamika, à la suite des *Prajñāpāramitāsūtra*, propose un accès à la vacuité universelle de tous les phénomènes et pour cela n'hésite pas à évacuer toutes les thèses philosophiques qui entravent l'accès au Réel. Voie médiane par excellence, le Mādhyamika insiste sur l'importance de bien distinguer la réalité relative ou superficielle et la réalité absolue sans pour autant les renvoyer dos à dos. C'est aussi et surtout une méthode de raisonnement dialectique qui cherche non pas à élaborer un système ou une explication du monde phénoménal, mais à démontrer par une analyse systématique l'inanité de toutes les vues philosophiques. Il ne faut donc pas attendre du Mādhyamika une description détaillée du niveau relatif, des mécanismes phénoménaux ou du fonctionnement de l'esprit. C'est pourquoi cette arme redoutable, destinée à liquider tous les modes de saisie du Réel – aussi subtils soient-ils – donne malgré tout l'impression de privilégier la réalité absolue en négligeant la réalité contingente dans laquelle nous nous débattons à chaque instant de notre vie.

À la différence du Mādhyamika, le Yogācāra, qui se définit d'ailleurs lui aussi comme une voie médiane, cherche à rétablir l'équilibre en se préoccupant davantage de la réalité contingente telle que nous la vivons. Digne héritier des *Abhidharma* sarvāstivādin – ces traités qui répertorient tous les éléments physiques et psychiques de l'univers et analysent leurs rapports pour mieux s'en affranchir –, le Yogācāra va réinterpréter ces éléments à la lumière du Mahāyāna. Mais pour y parvenir, il lui faudra d'abord éliminer la tendance réificatrice propre à l'école ancienne des Sarvāstivādin, dont le nom signifie précisément «école des pan-réalistes». Il y parviendra magistralement en opposant à ce réalisme quasi-obsessionnel la vision exposée en ces termes dans le *Soûtra des Dix Terres* :

« Tout ce qui existe dans les trois mondes n'est autre que l'esprit un. Sur la base de cette idée fictive, le Tathâgata enseigne que les douze facteurs de l'existence conditionnée se fondent sur l'esprit un. »

Si tout est esprit, il n'y a pas de monde en dehors de l'esprit qui le perçoit. Le monde que nous percevons en extériorité n'est qu'une représentation mentale, une simple cognition sans plus (sk. *vijñaptimātra*). Néanmoins, une fois la question du réalisme évacuée, il n'en reste pas moins que nous percevons cet univers d'apparences et que nous nous figurons être là au monde, plongés pour de bon dans cette existence douloureuse. Le Yogācāra reprend donc la vieille question de l'origine de la souffrance chère au Bouddha et l'envisage sous l'angle de l'Esprit seul : à l'instar de ce qui se produit dans un rêve, l'esprit ignorant plaque ses représentations mentales sur ses propres projections et se conçoit comme un « moi » qui appréhende un monde « extérieur ». Piégé dans cette vision dualiste, il manifeste attachement ou aversion pour les phénomènes perçus, ce qui le pousse à agir ou plutôt à réagir et à produire ainsi du *karma*. Ce *karma* se traduit par la production de traces karmiques qui imprègnent le courant de conscience pour y devenir des semences latentes. Lorsqu'elles mûriront, celles-ci projetteront une nouvelle situation vécue en extériorité par ce même courant de conscience. Ainsi, le *saṃsāra* ou cercle des existences se perpétue en une succession de projections mentales qui engendrent sans cesse de nouvelles projections, le flux de la conscience ne cessant de produire ses propres illusions et de les alimenter. C'est précisément pour expliquer ce mécanisme que le Yogācāra développa le système des huit consciences et des trois caractéristiques des phénomènes mentionné semble-t-il pour la première fois dans le *Sandhi-nirmocanasūtra*.

Pourquoi ce système de huit consciences qui ajoute deux consciences aux six consciences universellement acceptées par les écoles du bouddhisme ancien et par une partie des auteurs mahayanistes? Tout d'abord, pour répondre à un certain nombre de problèmes philosophiques et pratiques posés par l'enseignement bouddhiste. Louis Schmithausen, dans sa remarquable étude sur la huitième conscience, la conscience fondamentale ou *ālaya-vijñāna*[1], dénombre cinq questions majeures ainsi résolues par la thèse de l'existence d'une huitième conscience :

1) Qu'est-ce qui assure le lien de continuité entre les existences successives dans le *saṃsāra*?

2) Qu'est-ce qui fait le lien entre le *karma* accompli et sa rétribution ultérieure?

3) Qu'est-ce qui fait le lien entre le moment où l'on entre dans un état d'inconscience ou dans l'absorption méditative de cessation et le moment où l'on sort de ces états?

4) Quel est donc le substrat qui peut recevoir les empreintes produites par l'acte karmique puis véhiculer les semences ainsi engendrées jusqu'à leur mûrissement lors de la rétribution de l'acte?

5) Sur quel genre de support homogène et fondamental l'idée du «moi» peut-elle prendre appui?

Le système des six consciences (visuelle, auditive, olfactive, gustative, tactile et mentale) n'offrait que des réponses partielles ou insatisfaisantes à ces problèmes. En effet, on considère dans le bouddhisme que la présence continuelle d'un courant de conscience est nécessaire pour assurer la vie d'un être, or aucune des six consciences n'est véritablement continue : chacune d'elles dépend de la présence de son objet pour se manifester et s'interrompt en son absence. Dans ces conditions, comment se fait-il que l'on ne meure pas pendant un évanouissement, lors

---

1. Schmithausen, Lambert : *Ālayavijñāna, On the Origin and the Early Development of a Central Concept of Yogacārā Philosophy*, 2 vol., Tokyo, Studia Philologica Buddhica, Monograph Series, 1987. Il convient de préciser ici que l'*ālayavijñāna* est une conscience fondamentale individuelle. Malgré quelques ressemblances trompeuses, elle n'a donc rien à voir avec un «inconscient collectif» ou avec une sorte de conscience universelle qui serait commune à tous les êtres conscients.

du sommeil profond ou dans certaines absorptions méditatives (*samāpatti*), dès lors que les six consciences sont toutes interrompues simultanément ? En raison de la présence ininterrompue de l'*ālayavijñāna*, nous répondent les Yogācārin.

Cet *ālayavijñāna* ou conscience fondamentale est une conscience-tréfonds – phénomène psychique subtil, fondamental et ininterrompu – qui fait le lien entre les différents états de l'existence et qui porte en elle les semences karmiques produites par les actes passés. En tant que réservoir de semences karmiques, c'est un réceptacle passif et une conscience de rétribution qui résulte des *karma* passés. Mais c'est aussi une cause active, car les semences qu'elle véhicule sont des facteurs de composition (*saṃskāra*) qui conditionnent et forgent le devenir de l'être animé. Quand lesdites semences mûrissent, elles produisent leur fruit, un phénomène «en acte» vécu comme un nouvel événement dans l'existence de l'individu.

Pour être perçu, cet événement nécessite l'émergence de la conscience modale correspondante : conscience de la vue s'il s'agit d'une forme, de l'ouïe s'il s'agit d'un son, et ainsi de suite, la ou les consciences des sens ainsi sollicitées étant toujours accompagnées de la conscience mentale. Ces six consciences, dites «en déploiement» (sk. *pravṛttivijñāna*), surgissent elles-mêmes de l'*ālayavijñāna*, à l'image des vagues qui surgissent de l'océan, comme le dit notre *sūtra*. Ainsi, les cinq consciences des sens et la conscience mentale sont des manifestations momentanées de la conscience fondamentale qui émergent en réponse à l'événement qui suscite leur activité. Dès que cesse cet événement, elles se redissolvent dans l'*ālayavijñāna* – comme les vagues retombent dans l'océan pour s'y fondre.

La conscience fondamentale ou huitième conscience et ses déploiements cognitifs, les six consciences, ne suffisent cependant pas à expliquer l'illusion qui plonge les êtres animés dans les tourments de l'existence. Le Yogācāra pose donc l'existence d'une septième conscience dénommée «mental souillé» (sk. *kliṣṭamanas*). Distinct de la conscience mentale, le mental souillé

12

s'appuie sur la conscience fondamentale dont il fait son objet. En se tournant vers elle, il la prend pour un «moi», puis, par une incessante cogitation, il entretient la croyance au «moi» et au «mien». Pur produit de l'ignorance, la septième conscience entretient cette illusion que l'on nomme *saṃsāra* : sous son influence, les événements produits par la maturation des semences karmiques sont considérés comme des objets extérieurs perçus par un «moi» intérieur et sujet. En réponse à cette dualité imaginaire émergent des émotions perturbatrices telles que l'attachement et l'aversion qui empoisonnent tous nos actes. Le mental souillé perdurera aux côtés de l'*ālayavijñāna* tant que subsistera l'ignorance. Ce n'est qu'au cours de la révolution du support (sk. *āśrayaparavṛtti*, tib. *gnas 'gyur*), lorsque l'*ālayavijñāna* cessera lui-même d'être le support de semences impures, qu'il disparaîtra enfin.

Dans le chapitre VII du *Sandhinirmocanasūtra*, le terme «mental» (tib. *yid*) est préféré à celui de «mental souillé» (tib. *nyon yid*) et le rôle de la septième conscience n'est guère précisé. Le texte s'étend davantage sur les fonctions de l'*ālayavijñāna*, aussi dénommé «esprit» (sk. *citta*, tib. *sems*) et surtout «conscience appropriatrice» (tib. *len pa'i rnam par shes pa*) en vertu du fait qu'après la mort c'est elle qui s'approprie les agrégats de l'existence suivante et qui établit le lien entre deux vies. Le *Sandhinirmocanasūtra* désigne enfin les consciences en déploiement sous le terme général de *vijñāna* (tib. *rnam shes*), que l'on peut traduire par «consciences modales» puisque leur rôle consiste à se saisir chacune de l'un des modes d'apparition (forme, odeurs, etc.) des objets phénoménaux. Le texte précise qu'une ou plusieurs consciences des sens peuvent se manifester simultanément selon la nature de l'objet, qui peut être seulement visuel ou bien visuel et sonore à la fois par exemple. Et dans tous les cas, ces consciences des sens sont accompagnées par la conscience mentale (sk. *manovijñāna*, tib. *yid kyi rnam shes*) qui identifie et étiquette l'image mentale de l'objet perçu sous l'influence trompeuse du mental souillé.

Pour démontrer la manière dont s'effectue cette opération d'identification et d'étiquettage, le *Yogācāra* aborde la perception des objets ainsi manifestés et leur degré de réalité sous l'angle des trois caractéristiques des phénomènes (sk. *trilakṣaṇa*, tib. *mtshan nyid gsum*) : la caractéristique purement imaginaire (sk. *parikalpitalakṣana*, tib. *kun brtags mtshan nyid*), la caractéristique de la dépendance (sk. *paratantralakṣaṇa*, tib. *gzhan dbang mtshan nyid*) et la caractéristique parfaitement établie (sk. *pariniṣpannalakṣaṇa*, tib. *yongs grub mtshan nyid*). Ces trois caractéristiques ou natures sont une façon souple d'expliquer l'articulation entre le relatif et l'absolu en utilisant trois concepts en lieu et place des deux réalités (tib. *bden pa gnyis*) du *Mādhyamika*. Certes moins radicale que la thèse des deux réalités, la pédagogie des trois caractéristiques rend toutefois compte du mécanisme de l'illusion sans prendre le risque d'évacuer l'efficience de la coproduction conditionnée des phénomènes. De fait, cette dernière constitue véritablement l'axe autour duquel s'articulent les trois caractéristiques.

Quand un phénomène émerge dans la conscience, son apparence est saisie par la conscience comme étant vraie et extérieure à l'esprit qui l'observe. Cette réalité autonome qu'on lui prête sous l'influence du mental souillé est son caractère purement imaginaire. C'est l'équivalent du niveau de la réalité superficielle ou conventionnelle illusoire. Or ce phénomène n'est pas «autonome» mais le produit de causes et de conditions : il se manifeste dans le cadre de la coproduction conditionnée, en interdépendance avec d'autres phénomènes tout autant que lui dépourvus d'existence en et par soi. Tel est son caractère dépendant. Sa réalité absolue, décrite par Vasubandhu comme la «perpétuelle absence de nature imaginaire au sein de la nature dépendante», est son caractère parfaitement établi.

Pour illustrer cela, le *Sandhinirmocanasūtra* utilise l'exemple d'un cristal sur un support de couleur. Si l'on pose un cristal sur un tissu bleu, ce cristal nous paraît bleu. Cette simple expérience, qui dépend de causes et de conditions, est la nature dépendante. Le fait de croire à l'existence d'un saphir bleu relève de la plus pure imagination. Cette fiction créée par notre esprit se surimpose à l'expérience brute et l'éclipse, et sous l'emprise de l'ignorance, nous lui attribuons une existence véritable. Cet étiquetage est la nature imaginaire. Enfin, l'examen attentif du cristal permet de comprendre que le bleu n'est pas propre au cristal, et l'illusion du «saphir» se dissipe : c'est la nature parfaitement établie du phénomène, l'inexistence du saphir dans ce simple cristal.

L'articulation entre relatif et absolu réside ainsi dans la nature dépendante qui présente deux facettes, l'une relative et l'autre absolue.

– La nature imaginaire est purement conceptuelle et illusoire. Elle n'a aucune réalité même au niveau relatif.

– La nature dépendante, de par l'efficience qui la caractérise, a une certaine existence. Elle inclut tous les phénomènes impermanents manifestés dans le cadre de la coproduction conditionnée. Ceux-ci ont bien une existence, mais non autonome puisqu'interdépendante et de surcroît purement mentale. Il ne s'agit cependant pas d'une réalité ultime, car elle sert de support à l'illusion de la dualité sujet-objet.

– Or, une telle dualité (la nature imaginaire) n'existe pas du tout et le fait que la nature dépendante n'ait aucune existence en tant qu'objet extérieur – étant de la nature même de l'esprit – est sa nature parfaitement établie. La vacuité est donc ici l'absence de dualité sujet-objet.

De fait, on peut dire ici que *la nature dépendante «existe» au sein de la vacuité du sujet-objet.* Cependant, l'existence qu'on lui concède n'est en rien celle d'une essence ou d'un être permanent, mais celle que l'on reconnaît à tout phénomène momentané doué d'efficience (sk. *arthakriya,* tib. *don byed nus pa*), c'est-à-dire capable de produire un effet. Un phénomène de ce type, lui-même produit par des causes et des conditions, n'a pas d'existence en soi, mais n'est pas non plus inexistant, puisqu'il est à son tour producteur d'effets. C'est la raison pour laquelle le *Sandhinirmocanasūtra* insiste non seulement sur l'absence d'essence (tib. *ngo bo med pa*) de la caractéristique purement imaginaire surimposée à la caractéristique du dépendant, mais aussi sur l'absence d'essence du dépendant, c'est-à-dire du phénomène conditionné et conditionnant. Et c'est cette absence d'essence qui est précisément sa réalité absolue ou caractéristique parfaitement établie, une absence d'essence qui ne vide pas le phénomène de son efficience dans le domaine relatif.

Les auteurs mādhyamika indiens, et après eux les érudits tibétains, ont régulièrement reproché au Yogācāra sa tendance substantialiste et son insistance à considérer la conscience comme étant ultimement existante. S'il vise peut-être avec raison certains traités yogācārin, ce reproche ne semble guère concerner le *Sandhinirmocanasūtra*. En effet, ce texte ne pose nulle part l'existence ultime de la conscience, pas plus qu'il n'affirme que les phénomènes conditionnés ont une substance. Ce passage du chapitre VII est assez clair :

«Lever de la Réalité Absolue, c'est en ayant à l'esprit les trois types d'absence d'essence propre des phénomènes – l'absence d'essence des caractéristiques, l'absence d'essence de la production et l'absence d'essence de la réalité ultime – que j'ai enseigné que les phénomènes n'avaient pas d'essence.»

Il n'est donc pas question de croire à une quelconque réalité ultime du parfaitement établi.

Le Soûtra du Dévoilement du sens profond se soucie plutôt d'une interprétation trop littérale de la vacuité de négation absolue (tib. *med dgag*) qui tendrait vers le nihilisme. Par ailleurs, il ne rejette pas la présentation des deux réalités chère au Mādhyamika. Dans le chapitre III, la réalité superficielle est désignée sous le terme de «domaine des facteurs de composition» (tib. *'du byed khams*) et la réalité absolue par son nom habituel (tib. *don dam*). Tout le chapitre est consacré à la dénonciation des erreurs qui découleraient d'une confusion des deux réalités au niveau relatif ou de leur distinction au niveau absolu, et cette démonstration importante sera par la suite fréquemment citée dans les traités du Mādhyamika sous une forme à peine remaniée.

Reste la délicate question de savoir si ce *sūtra* doit être considéré, ainsi qu'il l'affirme lui-même, comme un discours du Bouddha au sens certain ou définitif (sk. *nītārtha*, tib. *nges don*). Les adeptes du Yogācāra ou Vijñānavāda considèrent que la vue exposée dans le *Sandhinirmocana* est bien la vue ultime et que ce texte fait partie des *sūtra* de sens définitif. Les partisans du Mādhyamika et du second tour de roue considèrent quant à eux qu'il s'agit d'un *sūtra* de sens provisoire (sk. *neyārtha*, tib. *drang don*). La lecture et l'interprétation du très important chapitre VII, consacré aux trois absences d'essence, permettra peut-être de répondre à cette question. Et plutôt que d'épouser à la hâte la position du Yogācāra ou bien celle du Mādhyamika, il n'est pas inutile de porter sur le *Sandhinirmocanasūtra* un regard neuf, vierge de toute influence et de toute présomption. Considérons néanmoins ce que le *sūtra* lui-même déclare : sa raison d'être ou son but est l'élimination des controverses liées à l'enseignement du premier et du second tours de roue du Dharma et l'établissement d'une vue définitive conforme à l'intention ou à la pensée la plus profonde du Bouddha. Cette proclamation de la supériorité de la vue exposée dans le troisième tour de roue nous confirme l'idée, véhiculée ensuite par l'école Yogācāra, que ce troisième cycle viserait essentiellement à prévenir les vues erronées en finalisant la vue bouddhiste exprimée dans le Mahāyāna indien − ce qui n'est évidemment pas l'avis des auteurs du Mādhyamika prāsaṅgika qui préfèrent y voir un enseignement provisoire destiné à rasséréner les disciples effrayés par la vacuité du second tour de roue[1].

---

1. Bientôt, cependant, des auteurs mādhyamika comme Haribhadra et Śānta-rakṣita (VIIIᵉ s.) combineront les enseignements des deux dernières roues dans leur interprétation philosophique. Ainsi naîtra le courant conciliateur du Yogācāra mādhyamika qui adoptera les vues yogācāra pour décrire la réalité superficielle et les mécanismes de l'illusion, tout en reconnaissant la suprématie de la vue du Mādhyamika relativement à la vacuité.

Le *Soûtra du Dévoilement du sens profond* comprend dix chapitres de taille très inégale qui traitent les uns de la réalité absolue, les autres de la pratique des bodhisattvas et des qualités des bouddhas. Chacun d'entre eux se présente sous la forme d'un dialogue, soit entre deux bodhisattvas (chapitre I), soit entre le Bouddha et un grand bodhisattva (chapitres II à X). Le lieu où se déroule l'enseignement n'est pas une localité indienne mais un palais divin dans une terre pure, ce qui est souvent le cas dans les grands *sûtra* du Mahāyāna.

Le premier chapitre se présente comme un dialogue entre deux bodhisattvas, Questionneur Perspicace (Vidhivatpariprc-chaka) et Révélateur de la Pensée du Profond Sens Ultime (Gambhīrārthasandhinirmocana). Il traite de la réalité absolue qui ne peut être saisie par les désignations conventionnelles, lesquelles ne sont que des constructions mentales.

Dans le deuxième chapitre, le Bouddha répond aux questions du bodhisattva Éminent par la Doctrine (Dharmodgata). Le sujet traité est encore une fois la réalité absolue qui transcende toutes les arguties et tous les discours des non-boud-dhistes. Cette réalité ne peut être réalisée que par la pratique individuelle et n'est pas tributaire des débats philosophiques.

Le troisième chapitre, où le Bouddha répond au bodhisattva Intelligence Parfaitement Pure (Suviśuddhamati), poursuit l'exploration de la réalité absolue : cette fois, le Bouddha dénonce toutes les vues erronées qui découlent de la confusion de la réalité relative et de la réalité absolue au niveau relatif et de leur distinction au niveau de l'absolu. De fait, la réalité relative (les facteurs de composition) et la réalité absolue ne sont ni différentes ni identiques dans leur caractéristique essentielle.

Dans le quatrième chapitre, le Bouddha explique à Subhūti que la réalité absolue est la saveur unique de tous les phéno-mènes. L'ainsité est au-delà de toute caractéristique différencia-trice, car il s'agit de l'insubstantialité de tous les phénomènes.

Le cinquième chapitre, où le Bouddha répond aux ques-tions du bodhisattva Vaste Intelligence (Viśālamati), est dévolu au rôle essentiel du *karma* dans le devenir des êtres et à l'exposé des huit types de consciences.

Dans le sixième chapitre, le Bouddha enseigne au bodhisattva Source des Qualités (Guṇākara) l'articulation des trois caractéristiques des phénomènes : le purement imaginaire, le dépendant et le parfaitement établi.

Dans le septième chapitre, le Bouddha répond aux questions du bodhisattva Lever de la Réalité Absolue (Paramārthasamudgata) sur le sens profond de cette déclaration : « Tous les phénomènes sont dépourvus d'essence, sans naissance ni cessation, ils sont apaisés dès l'origine et naturellement au-delà de la souffrance. » À cette occasion, il enseigne l'absence d'essence de tous les phénomènes (*ngo bo med pa*) et leur insubstantialité. Puis il met en garde contre toute interprétation trop littérale de son enseignement, en visant tout particulièrement les dérives nihilistes d'une vacuité mal comprise. Le Bouddha déclare ensuite que la compréhension juste de l'absence d'essence des caractéristiques des phénomènes, de leur production et de la réalité absolue est la voie du véhicule unique, lequel a été diversement interprété par les êtres aux facultés variées. D'une importance capitale, ce chapitre a pour titre « Enseignement de sens définitif sur la réalité absolue ».

Le chapitre huit, sous forme de questions-réponses, est entièrement dévolu à la méditation bouddhiste sous ses deux aspects, la quiétude (*śamatha*) et la vision éminente (*vipashyanā*). Le Bouddha expose très précisément à Maitreya les points communs et les différences entre les deux formes de méditation, ainsi que toutes les catégories d'objets contemplés dans la vision éminente. On y apprend que tout objet de méditation est « simple cognition » (*vijñaptimātra*), et que seule la vision éminente permet de réaliser l'absolu. Très important pour la compréhension des méthodes mahayanistes de méditation, le contenu de ce chapitre est fréquemment cité dans les ouvrages indo-tibétains sur la voie progressive, notamment dans les trois *Bhāvanakrama* de Kamalaśīla et dans le *Lam rim chen mo* de rJe Tsong kha pa.

Le chapitre neuf, où le Bouddha dialogue avec Avalokiteśvara, est entièrement consacré à la voie des bodhisattvas, à la progression des dix terres jusqu'à la terre des bouddhas et à la description à la fois précise et pratique des six et des dix vertus transcendantes (*pāramitā*). Le texte de ce chapitre, qui détaille le véhicule unique des bodhisattvas, présente de nombreux parallèles fort intéressants avec le *Soûtra des Dix Terres*.

Le dixième et dernier chapitre, où le Bouddha répond aux questions de Mañjuśrī, aborde les pouvoirs et les qualités d'un bouddha. L'«Enseignement définitif des activités des tathâgata» explique la signification et les spécificités du corps absolu (*dharmakāya*) et des corps d'apparition (*nirmāṇakāya*) des tathāgata, sans toutefois mentionner le corps de jouissance ou *sambhogakāya*. Puis il énumère les sujets abordés dans la triple corbeille des enseignements : les Discours (*sūtra*), la Discipline (*vinaya*) adaptée aux bodhisattvas et les Matrices (*mātṛkā*). Ces dernières, qui semblent désigner une catégorisation des enseignements semblable à celle des *Abhidharma*, sont ici abondamment détaillées : leurs sujets recouvrent toutes sortes de catégories de phénomènes physiques et mentaux, y compris les raisonnements logiques en vue d'établir la vérité. Mais le texte présente des difficultés que nous n'avons certainement pas toutes levées.

Après la première version de Guṇabhadra (440), le *Sandhinirmocanasūtra* fut à nouveau traduit en chinois sous la direction de l'Indien Paramārtha (499-569) et enfin par Xuanzang (600-664), le célèbre pèlerin-traducteur qui fonda l'école *Faxiang* («école des caractéristiques des phénomènes»), consacrée à la diffusion de la pensée philosophique yogācārin en Chine. Au Tibet, c'est Tchokro Lüi Gyaltsen (Cog ro klu'i rgyal mtshan), l'un des traducteurs de la première diffusion du bouddhisme que l'on compte parmi les vingt-cinq disciples de Padmasambhava, qui traduisit le *sūtra* en tibétain vers la fin du VIIIe siècle. C'est la traduction de cette seule et unique version tibétaine que nous vous proposons ici (*bKa' 'gyur de Dergué*, vol. 49, p. 2-110). La très grande similitude de la version chinoise de Xuanzang et de la traduction tibétaine donne à penser qu'une même version sanskrite est à l'origine de ces deux traductions. La consultation occasionnelle du texte chinois a ainsi permis la résolution de quelques difficultés propres à la version tibétaine, écrite dans un tibétain archaïque et visiblement calquée sur l'original sanskrit.

Plusieurs traductions du *Sandhinirmocanasūtra* ont vu le jour avant celle-ci. Saluons tout d'abord le travail de pionnier de E. Lamotte[1], dont le texte, traduit du tibétain, est malheureusement présenté sous une forme quelque peu abrégée qui élimine certes les répétitions, mais aussi tout l'aspect littéraire du *sūtra* pour n'en retenir que les idées essentielles. La version chinoise de Xuanzang a été traduite en anglais par les soins de Thomas Cleary sous le titre de *Buddhist Yoga*, sans aucun commentaire[2]. Nous mentionnerons enfin et tout particulièrement le travail soigné de John Powers sur la version tibétaine[3], qui a bénéficié de la consultation des commentaires du *sūtra* conservés dans le *bsTan 'gyur* tibétain. C'est de loin la traduction la plus précise des trois, et elle m'a bien souvent éclairé sur certains choix.

La version présentée dans ce volume ne prétend certes pas à la perfection, mais si elle éveillait quelque intérêt nouveau pour l'étude de la philosophie yogācārin et suscitait quelques interrogations sur les rapports exacts entre les enseignements du second et du troisième tour de roue et sur les liens entre la pensée du Mādhyamika et celle du Yogācāra, le but de cette nouvelle traduction serait très certainement atteint.

---

1. Étienne Lamotte, *Saṃdhinirmocanasūtra, L'Explication des mystères*, Louvain, 1935.
2. Thomas Cleary, *Buddhist Yoga, A Comprehensive Course*, Boston, Shambhala, 1995.
3. John Powers, *Wisdom of Buddha, The Saṃdhinirmocana Mahāyāna Sūtra, Essential Questions and Direct Answers for Realizing Enlightenment*, Berkeley, Dharma Publishing, 1995.

*Soûtra du Dévoilement
du sens profond*

En sanskrit : *Āryasandhinirmocananāma mahāyānasūtra*
En tibétain : *'Phags pa dgongs pa nges par 'grel pa zhes bya ba theg pa chen po'i mdo*

Hommage à tous les bouddhas et les bodhisattvas !

Prologue

Ainsi ai-je entendu : en ce temps-là, le Bienheureux demeurait dans un palais sans limites constitué des sept matières les plus précieuses à l'éclat flamboyant, lesquelles émettaient de puissants rayons lumineux comblant les mondes incommensurables. Parfaitement agencé en ses différentes parties, [ce palais] ne présentait aucune limite : mandala inobstrué, c'était une sphère d'activité transcendant véritablement les trois mondes d'existence. Il avait pour causes les vertus supramondaines insurpassables et pour caractéristique la science complète, la science très complète que confère la maîtrise.

En ce séjour du Tathâgata qu'assistait une communauté de bodhisattvas innombrables vaquait une foule illimitée de dieux, de nâgas, de yakshas, de gandharvas, d'asuras, de garudas, de kinnaras, de mahoragas, d'êtres humains et non humains. Affermi par la joie et la grande félicité nées de la saveur de la doctrine, ce palais avait pour seule vocation de favoriser l'atteinte de tous des buts chez tous les êtres animés. Affranchi de toutes les plaies dues aux souillures des passions, libéré de tous les démons, édifié par la grâce du Tathâgata, il surpassait toutes les architectures possibles ; émancipé par l'attention, l'intelligence et la grande réalisation, c'était le véhicule de la quiétude et de la vision éminente, le grand portail de la délivrance que l'on franchit au moyen de la vacuité, de l'absence de caractéristiques et de l'absence de souhaits. Il se présentait ainsi, structure parfaitement ordonnée, paré d'infinies qualités et de grands lotus royaux incrustés de pierreries.

Quant au Bienheureux, doué de l'intelligence la plus excellente, il ne se trouvait sous l'emprise d'aucun des deux comportements défectueux. Parfaitement absorbé dans l'enseignement du sans-caractéristiques, il demeurait comme un Éveillé : devenu l'égal de tous les Éveillés, il maîtrisait la réalisation dénuée de voiles et détenait l'enseignement sur l'irréversible ; le champ des activités ne le captivant plus, il était entré dans l'indicible. Ayant pénétré l'égalité des trois temps, il était investi des cinq types de corps qui imprègnent tous les domaines mondains. Sa connaissance ne recelait aucun doute sur aucun phénomène. De par son intelligence, il maîtrisait toutes les pratiques ; aucune hésitation n'entachait sa connaissance des enseignements ; comme il était fort d'un corps inconcevable, tous les bodhisattvas lui empruntaient effectivement sa sagesse ; selon le mode non duel des bouddhas et dans l'éminence des transcendances, il avait accompli la sagesse des tathâgatas qui œuvre distinctement à la complète libération [des êtres]. Maîtrisant l'égalité de la bouddhéité sans limites ni centre et habité par l'infinie dimension du réel, il avait atteint les limites du domaine de l'espace.

Une communauté d'innombrables auditeurs l'accompagnait, des enfants de bouddha dotés d'une connaissance excellente, l'esprit complètement libre, la connaissance entièrement libérée, la discipline parfaitement pure. Là étaient ceux qui aspirent à la doctrine, qui y prennent plaisir, qui ont beaucoup entendu, qui ont retenu tout ce qu'ils ont entendu, qui ont maintes fois ouï la doctrine, qui y réfléchissent avec soin, qui s'expriment avec éloquence, qui œuvrent de manière appropriée, qui ont la sagesse prompte, la sagesse rapide, la sagesse aiguisée, la sagesse du renoncement, la sagesse de la réalisation certaine, la sagesse immense, la sagesse vaste, la sagesse profonde, la sagesse inégalée, la sagesse très précieuse, ceux qui détiennent les trois savoirs, ceux qui ont atteint le suprême accomplissement d'être heureux dans cette vie, qui jouissent d'une grande et parfaite pureté, qui ont un comportement parfaitement paisible, une grande patience et une grande détermination, tous se consacrant entièrement aux enseignements oraux du Tathâgata.

En ce grand palais siégeaient également les innombrables bodhisattvas qui tous étaient venus des divers champs purs des bouddhas. Ils avaient tous renoncé au samsâra en adoptant la doctrine du Grand Véhicule ; équanimes avec tous les êtres animés, ils étaient libres de toute idée, de toute construction mentale et de toute imagination. Ayant vaincu tous les démons et tous les ennemis, ils étaient vierges de toutes les conceptions propres aux auditeurs et aux bouddhas-par-soi. Savourant le goût de la doctrine, établis dans la grande félicité, ayant complètement dépassé les cinq grandes peurs, ils progressaient exclusivement vers les terres d'où l'on ne régresse plus. Ils avaient effectivement atteint ces niveaux qui permettent de complètement apaiser tous les maux qui frappent les êtres animés. Parmi eux figuraient les bodhisattvas grands êtres du nom de Gambhîrârthasandhinirmocana (Révélateur de la Pensée du Profond Sens Ultime), Vidhivatparipricchaka (Questionneur Perspicace), Dharmodgata (Éminent par la Doctrine), Suvishuddhamati (Intelligence Parfaitement Pure), Vishâlamati (Vaste Intelligence), Gunâkara (Source des Qualités), Paramârthasamudgata (Lever de la Réalité Absolue), ainsi qu'Avalokiteshvara, Maitreya et Mañjushrî.

Chapitre I

Alors le bodhisattva Questionneur Perspicace interrogea le bodhisattva Révélateur de la Pensée du Profond Sens Ultime sur l'inexprimable réalité absolue que caractérise la non-dualité :

« Fils des Vainqueurs, quand on déclare que tous les phénomènes sont non duels, que tous les phénomènes sont vraiment non duels, sur quel mode tous ces phénomènes sont-ils non duels ?

– Fils de noble famille, l'expression "tous les phénomènes" recouvre deux grandes catégories : les composés et les incomposés. Or les composés ne sont ni composés ni incomposés, et les incomposés ne sont ni incomposés ni composés.

– Fils des Vainqueurs, pourquoi les composés ne sont-ils ni composés ni incomposés, et les incomposés ni incomposés ni composés ?

– Fils de noble famille, "composé" est un mot conventionnel choisi par le Maître. Ce mot conventionnel choisi par le Maître est une expression née de l'imagination. Puisque cette expression née de l'imagination est une expression conventionnelle issue de la diversité des constructions mentales, elle n'est pas fondée, et c'est pourquoi il n'y a pas de "composés".

Fils de noble famille, le mot "incomposé" fait également partie des désignations conventionnelles. Y aurait-il une chose que l'on puisse exprimer par un autre vocable que "composé" et "incomposé" qu'il en serait de même, exactement de même. Une expression n'allant pas sans la chose qu'elle désigne, quelle est donc cette chose ? Du fait qu'ils connaissent et voient sublimement cette chose, les êtres sublimes s'éveillent pleinement à l'inexprimable. Or comme ils ont complètement et effectivement réalisé cette inexprimable réalité absolue, ils lui donnent le nom de "composé".

Fils de noble famille, "incomposé" est aussi un mot conventionnel choisi par le Maître. Ce mot conventionnel choisi par le Maître est une expression née de l'imagination. Puisque cette expression née de l'imagination est une expression conventionnelle née de la diversité des constructions mentales, elle n'est pas fondée, et c'est pourquoi il n'y a pas d'"incomposé".

Fils de noble famille, le mot "composé" fait également partie des désignations conventionnelles. Y aurait-il une chose que l'on puisse exprimer par un autre vocable que "composé" et "incomposé" qu'il en serait de même, exactement de même. Une expression n'allant pas sans la chose qu'elle désigne, quelle est donc cette chose ? Du fait qu'ils connaissent et voient sublimement cette chose, les êtres sublimes s'éveillent pleinement à l'inexprimable. Or, comme ils ont complètement et effectivement réalisé cette inexprimable réalité absolue, ils lui donnent le nom d'"incomposé".

— Fils des Vainqueurs, s'il en est ainsi, comment se fait-il que les êtres sublimes, qui se sont pleinement et effectivement éveillés aux choses par la connaissance et la vision les plus éminentes et qui ont pleinement et effectivement réalisé cette réalité absolue, choisissent d'utiliser les mots "composés" et "incomposé" ?

— Fils de noble famille, prenons l'exemple du magicien ou de son habile apprenti qui rassemble des herbes, des feuilles, des brindilles, des cailloux et des pierres puis se place à la croisée de quatre chemins. Avec tous ces ingrédients, il fait apparaître toutes sortes d'illusions comme des éléphants, des cavaliers, des chars, des soldats, des montagnes de joyaux, de perles, de lapis-lazuli, de conques, de cristaux et de coraux, des monceaux de précieux objets, de grain, de trésors, et des greniers.

Lorsque des êtres infantiles et stupides par nature, dont le discernement est confus, incapables de voir qu'il s'agit d'herbes, de feuillages, de brindilles, de cailloux et de pierres, perçoivent ces choses, ils pensent : "Ces éléphants qui m'apparaissent existent vraiment ; ces cavaliers, ces chars, ces soldats, ces joyaux, ces perles, ces lapis, ces conques, ces cristaux, ces coraux, ces précieux objets, ces tas de grain, ces trésors et ces greniers qui m'apparaissent, tout cela existe assurément." Avec cette pensée, ils adhèrent à la validité de ces perceptions et s'attachent à leur réalité. Ils leur assignent des désignations conventionnelles et décrètent : "Ceci est vrai, le reste est faux !" Par la suite, il leur faudra réexaminer leurs déclarations avec plus de soin.

Au contraire, les êtres dont le tempérament n'a rien d'infantile ou de stupide possèdent un discernement naturel et reconnaissent qu'il n'y a là que des herbes, des brindilles, des cailloux et des pierres. Quand ils perçoivent ces êtres et ces choses, ils pensent : "Ces éléphants qui m'apparaissent n'existent pas vraiment ; ces cavaliers, ces chars, ces soldats, ces joyaux, ces perles, ces lapis-lazuli, ces conques, ces cristaux, ces coraux, ces précieux objets, ce grain, ces trésors et ces greniers qui m'apparaissent, tout cela n'existe assurément pas." Cependant, ils se représentent l'idée de ces éléphants, l'idée du nombre de ces éléphants, la notion de richesses, de grains, de trésors, de greniers, ainsi que la notion de leur quantité, mais ils savent que tout cela existe en tant qu'illusions magiques.

Ils pensent que ces êtres et ces choses existent mais en tant que faux-semblants, et même s'ils croient sérieusement à la validité de leurs perceptions et s'attachent à leur réalité, ils ne décrètent plus : "Ceci est vrai, le reste est faux!" lorsqu'ils leur assignent des désignations conventionnelles. Comme ils connaissent parfaitement le sens réel de ces phénomènes, ils n'auront pas besoin de réexaminer leurs déclarations par la suite, même s'ils recourent aux dénominations conventionnelles.

De même, ces êtres ordinaires au naturel infantile – qui n'ont pas atteint la sublime connaissance supramondaine ni clairement reconnu la réalité absolue et indicible de tous les phénomènes – pensent, lorsqu'ils perçoivent un phénomène composé ou incomposé : "Ce composé ou cet incomposé qui m'apparaît existe réellement!", et ils adhèrent à la validité de ces perceptions et s'attachent à leur réalité, à la suite de quoi ils leur appliquent des désignations conventionnelles du genre : "Ceci est vrai, le reste est faux!" Il leur faudra réexaminer leurs déclarations avec plus de soin.

Lorsque ceux d'entre les êtres animés qui ne sont nullement affligés d'une nature infantile – ceux qui voient la réalité, qui ont atteint la connaissance supérieure et supramondaine des êtres sublimes et reconnaissent clairement la réalité absolue et indicible de tous les phénomènes – perçoivent ce phénomène composé ou incomposé, ils pensent : "Ce phénomène composé ou incomposé qui m'apparaît n'existe pas réellement!", mais cela ne les empêche pas de se faire une représentation mentale de ce qui est composé ou incomposé, de même qu'une représentation des caractéristiques propres aux composés et aux incomposés.

Ils pensent : "Voici, surgis des constructions mentales[1], des attributs de composition évoquant une illusion magique. Ce sont là des obscurcissements de l'intellect." Alors, même s'ils

---

1. Tib. *rnam par rtog pa las byung ba*. rNam rtog (sk. *vikalpa*) désigne les idées, les pensées fictionnantes qui étiquettent les phénomènes. Il s'agit par excellence de constructions mentales à l'origine de désignations purement conventionnelles qui se substituent habituellement à la réalité brute. Ainsi, nous ne percevons pas la réalité elle-même, mais un habillage mental de celle-ci.

croient sérieusement à la validité de leurs perceptions et s'atta
chent à leur réalité, ils ne décrètent plus : "Ceci est vrai, le reste
est faux!" lorsqu'ils leur assignent des désignations conventionnelles. Puisqu'ils connaissent parfaitement le sens réel de ces
phénomènes, ils n'auront pas besoin de réexaminer leurs déclarations par la suite, même s'ils recourent aux dénominations
conventionnelles.

Fils de noble famille, du fait qu'ils connaissent et voient ces
choses sur un mode sublime, les êtres sublimes s'éveillent pleinement à l'inexprimable. Or, comme ils ont complètement et
effectivement réalisé cette inexprimable réalité absolue, ils lui
donnent les noms d'"incomposé" et de "composé".»

Alors le bodhisattva Révélateur de la Pensée du Profond
Sens Ultime prononça ces stances :

«Le sens profond, hors de portée des esprits puérils,
Est inexprimable et non duel : ainsi l'ont enseigné les
  Vainqueurs.
Aveuglés par la stupidité, les êtres infantiles
Aiment les élaborations langagières et demeurent dans la
  dualité.

Ceux qui ne le réalisent pas et se complaisent dans l'erreur
Renaîtront comme des moutons et des bœufs.
Ayant rejeté la parole des sages, longtemps encore
Ils tourneront dans le cercle des existences.»

Ici s'achève le chapitre premier, prononcé par le bodhisattva
Révélateur de la Pensée du Profond Sens Ultime.

Chapitre II

Le bodhisattva Éminent par la Doctrine dit alors au Bienheureux :

«Bienheureux, il y a de cela fort longtemps, à une époque très ancienne, par-delà une quantité d'univers équivalente au nombre des grains de sable de soixante-dix-sept Ganges, je vivais dans le monde appelé "Renommé", qui est le champ pur du tathâgata Vaste Renommée. En ce lieu, donc, je vis sept millions sept cent mille hétérodoxes et leurs différents maîtres. Ils s'étaient rassemblés pour réfléchir aux caractéristiques essentielles de la réalité absolue des phénomènes. Mais bien qu'ils y aient réfléchi, qu'ils les aient évaluées, examinées de près et recherchées de toutes les manières possibles, ils ne les avaient pas comprises et restaient divisés par leurs opinions divergentes. L'intelligence troublée, ils en vinrent à se disputer et à se quereller, puis à s'attaquer violemment les uns les autres, à se réfuter, s'insulter, se battre et s'entre-tuer.

Voyant à quel point ils étaient divisés, ô Bienheureux, je pensais : "Hélas pour eux, car lorsque les tathâgatas se manifestent dans le monde, une fois apparus, ils réalisent et établissent clairement le fait que la réalité absolue a des caractéristiques telles qu'elle transcende toutes les arguties conceptuelles au plus haut point. N'est-il pas merveilleux et étonnant qu'il en soit réellement ainsi ?"»

Le Bienheureux répondit au bodhisattva Éminent par la Doctrine :

« Il en est ainsi, Éminent par la Doctrine, il en est bien ainsi ! Je me suis pleinement et parfaitement éveillé à la réalité absolue dont les caractéristiques transcendent toutes les arguties conceptuelles au plus haut point, et m'étant ainsi pleinement et parfaitement éveillé à cette évidence, je m'en suis expliqué, je l'ai mise au clair, je l'ai exposée, je l'ai définie et complètement démontrée.

Pourquoi donc ? J'ai expliqué que les êtres sublimes avaient une claire compréhension individuelle de la réalité absolue, mais que les êtres ordinaires en avaient une compréhension vulgaire qui relève du domaine de l'argumentation conceptuelle. Voilà pourquoi, Éminent par la Doctrine, tu comprendras qu'il y a une réalité absolue dont la caractéristique est de transcender au plus haut point toutes les arguties concevables.

En outre, Éminent par la Doctrine, j'ai expliqué que la réalité absolue appartenait au domaine du sans-caractéristiques[1]. En revanche, les arguments conceptuels relèvent du domaine des caractéristiques. En conséquence, Éminent par la Doctrine, tu comprendras qu'il existe une réalité absolue dont la caractéristique essentielle est de transcender au plus haut point toutes les arguties concevables.

En outre, Éminent par la Doctrine, j'ai expliqué que la réalité absolue était inexprimable. Or les arguments conceptuels relèvent du domaine de l'expression verbale. En consé-

_____

1. Tib. *mtshan ma med pa'i spyod yul* : domaine du sans-caractéristiques, ou encore sans attributs ou dépourvu de marques. Les « caractéristiques », « marques » ou « attributs » (tib. *mtshan ma*, sk. *nimitta*) sont les caractères apparents qui permettent d'appréhender conceptuellement un phénomène. Par exemple, la rondeur, la couleur rouge et le brillant de la peau de la cerise permettent d'étiqueter ce phénomène comme étant une cerise. Cependant, ni la rondeur, ni le rouge, ni le brillant de la peau du fruit ne sont en eux-mêmes la cerise. *Nimitta* (tib. *mtshan ma*) ne doit pas ici être confondu avec l'expression « caractéristique essentielle » (sk. *lakṣaṇa*, tib. *mtshan nyid*) qui désigne non pas des attributs ou des caractères secondaires mais ce qui caractérise l'objet dans ce qu'il a de plus essentiel.

quence, Éminent par la Doctrine, tu comprendras qu'il existe une réalité absolue dont la caractéristique est de transcender au plus haut point toutes les arguties concevables.

Par ailleurs, Éminent par la Doctrine, j'ai expliqué que la réalité absolue transcendait toutes les désignations au plus haut point. Or les arguments conceptuels relèvent du domaine des désignations. En conséquence, Éminent par la Doctrine, tu comprendras qu'il existe une réalité absolue dont la caractéristique est de transcender au plus haut point toutes les arguties concevables.

Enfin, Éminent par la Doctrine, j'ai expliqué que la réalité absolue transcendait tous les débats d'idées au plus haut point. Or les arguments conceptuels relèvent du domaine des débats d'idées. En conséquence, Éminent par la Doctrine, tu comprendras qu'il existe une réalité absolue dont la caractéristique est de transcender au plus haut point toutes les arguties concevables.

Éminent par la Doctrine, il en va comme des êtres qui, de toute leur vie, n'ont jamais goûté à autre chose qu'aux saveurs du piquant et de l'amer : ils sont incapables d'imaginer, d'inférer ou d'apprécier le goût du sucre ou du miel.

Les êtres qui, de très longue date, se complaisent dans le désir passionné et se livrent à l'ardeur de leurs désirs sont incapables de concevoir, d'inférer ou d'apprécier le bonheur de vivre dans la solitude la plus intime, libre de tous les attributs de la forme, du son, de l'odeur, de la saveur et des textures.

De même, c'est parce qu'ils se complaisent dans les discours depuis fort longtemps, parce qu'ils prennent un plaisir évident à discourir [que les êtres ordinaires] sont incapables d'imaginer, d'inférer ou d'apprécier le bonheur des êtres sublimes qui jouissent du silence intérieur.

C'est parce que les êtres ordinaires depuis fort longtemps se complaisent dans les désignations conventionnelles de ce qu'ils voient, entendent, distinguent et connaissent séparément, et parce qu'ils prennent un plaisir évident à user de ces désignations conventionnelles qu'ils sont incapables d'imaginer, d'inférer ou d'apprécier l'Au-delà de la Souffrance, lequel coupe court à toutes les désignations conventionnelles et met un terme définitif à tous les agrégats périssables.

Éminent par la Doctrine, il en va comme de ceux qui, du fait de leur vieille et tenace croyance au "moi", prennent un plaisir évident à débattre et à disputer : ils sont incapables d'imaginer, d'inférer ou d'apprécier l'absence de ferme croyance au "mien" et l'inexistence de la contradiction chez les habitants du continent septentrional appelé "Cacophonie".

De même, Éminent par la Doctrine, les intellectuels argumentateurs sont incapables d'imaginer, d'inférer ou d'apprécier la réalité absolue dont la caractéristique est de parfaitement transcender toutes les arguties conceptuelles.»

Alors, le Bienheureux prononça cette stance :

«Le domaine du clair discernement
Est inexprimable et totalement libre des désignations
   conventionnelles.
La réalité absolue n'apparaîtra jamais au terme d'un débat :
C'est là une caractéristique transcendant toute argutie.»

Ici s'achève le chapitre second, suscité par le bodhisattva Éminent par la Doctrine.

Chapitre III

Le bodhisattva Intelligence Parfaitement Pure dit alors au Bienheureux :

« Pour quelle raison le Bienheureux a-t-il déclaré : "La réalité absolue étant subtile et profonde, il est difficile de comprendre sa caractéristique essentielle, laquelle se situe bien au-delà de la différence et de l'identité" ? Ces paroles sont excellentes et le Bienheureux les a prononcées de fort admirable façon !

Bienheureux, il m'est arrivé en un certain lieu de voir un grand nombre de bodhisattvas qui en étaient au niveau de l'engagement par conviction[1]. Ils s'étaient réunis pour réfléchir sur la différence et l'identité qui peuvent exister entre les facteurs de composition et la réalité absolue.

S'étant ainsi réunis et concertés, quelques-uns déclaraient qu'il n'y avait aucune différence entre la caractéristique essentielle des facteurs de composition et la caractéristique essentielle de la réalité absolue. D'autres tenaient ce discours : on ne peut pas dire qu'il n'y a pas de différence entre la caractéris-

---

1. Tib. *mos pa'i spyod pa'i sa* : niveau du bodhisattva débutant, depuis le moment où il prononce son vœu de bodhisattva jusqu'à celui où il entre dans la première terre des bodhisattvas. Pendant tout ce temps, qui correspond aux deux premières des cinq voies, la voie de l'accumulation et celle de la préparation, il est toujours un être ordinaire parce qu'il n'a pas encore directement accédé au réel.

tique essentielle des facteurs de composition et celle de la réalité absolue, car les facteurs de composition ont une caractéristique essentielle différente de celle de la réalité absolue. D'autres enfin hésitaient, l'esprit plongé dans le doute. Ils déclaraient qu'entre les bodhisattvas qui affirmaient qu'il y a une différence entre la caractéristique essentielle des facteurs de composition et celle de la réalité absolue, et ceux qui n'y voyaient pas de différence, ils ne sauraient dire lesquels avaient raison et lesquels avait tort, lesquels étaient dans le vrai et lesquels ne l'étaient pas.

Bienheureux, à cette vue je me dis : "Aucun de ces enfants de noble famille n'a trouvé la subtile caractéristique essentielle de la réalité absolue qui transcende la différence et l'identité avec les facteurs de composition. Puérils et stupides, ils manquent de clarté et d'habileté, et ils ne sont pas dans le vrai." »

Le Bienheureux répondit alors au bodhisattva Intelligence Parfaitement Pure :

« Il en est ainsi, Intelligence Parfaitement Pure, il en est bien ainsi : de tous ces fils de noble famille, aucun ne connaît la subtile caractéristique essentielle de la réalité absolue qui transcende la différence et l'identité avec les facteurs de composition. Puérils et stupides, ils manquent de clarté, et ils ne sont pas dans le vrai.

Pourquoi cela, Intelligence Parfaitement Pure ? Parce que ceux qui envisagent ainsi les facteurs de composition n'ont ni réalisé ni actualisé la réalité absolue.

Pourquoi donc ? Parce que, Intelligence Parfaitement Pure, si les facteurs de composition et la réalité absolue n'avaient pas de caractéristique essentielle différente, les êtres ordinaires les plus puérils eux-mêmes verraient la réalité et s'accompliraient dans le Tel Quel, atteignant ainsi l'insurpassable félicité de l'Au-delà de la souffrance. Mieux encore, ils accéderaient pleinement, parfaitement et effectivement à l'insurpassable Éveil authentique et parfait.

Et si la caractéristique essentielle des facteurs de composition n'était pas la même que celle de la réalité absolue, il s'ensuivrait que ceux qui contemplent la réalité ne seraient pas affranchis de la caractéristique essentielle des facteurs de composition. Comme ils ne seraient pas libres de la caractéristique essentielle des facteurs de composition, ils ne se libéreraient pas des entraves des caractéristiques en contemplant la réalité. N'étant pas libres des entraves des caractéristiques, ils ne le seraient pas davantage des entraves des pesanteurs[1]. N'étant pas libres de ces deux entraves, il s'ensuivrait qu'ils ne pourraient pas s'accomplir ni atteindre l'insurpassable félicité de l'Au-delà de la souffrance en contemplant la réalité ultime. À plus forte raison, ils n'accéderaient pas pleinement, parfaitement et effectivement à l'insurpassable Éveil authentique et parfait.

Voilà pourquoi, Intelligence Parfaitement Pure, les êtres ordinaires ne voient pas la réalité et ne sont que des êtres ordinaires. Voilà pourquoi ils ne se sont pas accomplis et n'ont pas non plus atteint l'insurpassable félicité de l'Au-delà de la souffrance. De ce fait, ils n'ont pas non plus accédé pleinement, parfaitement et effectivement à l'insurpassable Éveil authentique et parfait. Partant, il ne convient pas de déclarer que la caractéristique essentielle des facteurs de composition est non différente de celle de la réalité ultime. Sache donc, comme je viens de te le démontrer, que tous ceux qui clament la non-différence des caractéristiques essentielles des facteurs de composition et de la réalité absolue ne sont pas dans le vrai et ne peuvent point l'être.

---

1. Tib. *gnas ngan len*, sk. *dauṣṭhūlya* : «pesanteurs» ou encore «résistances». Les mauvaises tendances ou mauvais penchants du corps et de l'esprit dus aux habitudes de comportement contractées dans l'existence samsârique depuis des temps immémoriaux se manifestent actuellement comme des résistances ou des mauvais plis qui font obstacles à un comportement conforme au but de l'Éveil. L'opposé de *dauṣṭhūlya* est *praśrabdhi* (tib. *shin sbyangs*), souplesse du corps et de l'esprit obtenue par la pratique de la méditation.

Pour cette même raison, Intelligence Parfaitement Pure, on ne peut dire de ceux qui voient la réalité qu'ils ne sont pas affranchis des caractéristiques : ils s'en sont affranchis. On ne peut dire de ceux qui voient la réalité qu'ils ne sont pas complètement libérés de l'entrave des caractéristiques : ils en sont complètement libérés. On ne peut dire non plus que ceux qui voient la réalité ne sont pas complètement libérés de l'entrave des pesanteurs : ils en sont complètement libérés. Alors, totalement libres de ces deux entraves, ils s'accomplissent, atteignent l'insurpassable félicité de l'Au-delà de la souffrance et accèdent pleinement, parfaitement et effectivement à l'état d'insurpassable Éveil authentique et parfait. Il ne convient donc pas de déclarer que les facteurs de composition et la réalité absolue diffèrent par leur caractéristique essentielle.

Sache donc, par ce que je viens de te démontrer, que tous ceux qui clament que les facteurs de composition et la réalité absolue ont une caractéristique essentielle différente ne sont pas dans le vrai et ne peuvent pas l'être.

Par ailleurs, Intelligence Parfaitement Pure, si la caractéristique essentielle des facteurs de composition et celle de la réalité absolue n'étaient pas différentes, alors, de même que la caractéristique essentielle des facteurs de composition appartient au domaine des caractéristiques des afflictions, la réalité absolue aurait une caractéristique essentielle appartenant elle aussi aux caractéristiques des afflictions.

Intelligence Parfaitement Pure, si la caractéristique essentielle des facteurs de composition n'était pas la même que la caractéristique essentielle de la réalité absolue, cette dernière ne pourrait plus être la caractéristique essentielle commune à tous les facteurs de composition.

Intelligence Parfaitement Pure, comme la caractéristique essentielle de la réalité absolue n'est pas incluse dans les caractéristiques des afflictions, et comme la caractéristique essentielle de la réalité absolue est la caractéristique commune à tous les facteurs de composition, il n'est guère plus logique de déclarer que la caractéristique essentielle des facteurs de composition et celle de la réalité absolue ne sont pas différentes que de déclarer le contraire.

Sache donc, par ce que je viens de te démontrer, que, aussi bien ceux qui déclarent que la caractéristique essentielle des facteurs de composition et celle de la réalité absolue ne sont pas différentes que ceux qui déclarent le contraire, ne sont pas dans le vrai et ne peuvent l'être.

Entre outre, Intelligence Parfaitement Pure, si la caractéristique essentielle des facteurs de composition et celle de la réalité absolue n'étaient pas différentes, alors, de même que la caractéristique essentielle de la réalité absolue ne serait pas différente des caractéristiques des facteurs de composition, de même les caractéristiques des facteurs de composition n'en différeraient pas non plus. De la sorte, les yogis eux-mêmes, qui ont vu, ouï, distingué et pris connaissance des facteurs de composition selon leurs modes respectifs, n'auraient plus à rechercher la réalité absolue au-delà des facteurs de composition.

Si la caractéristique essentielle des facteurs de composition et celle de la réalité absolue étaient différentes, la seule irréalité du soi, autrement dit l'insubstantialité des facteurs de composition, ne serait pas la caractéristique essentielle de la réalité absolue, laquelle serait simultanément pourvue de deux caractéristiques essentielles différentes : la caractéristique de ce qui est affligé et la caractéristique de ce qui est purifié de toute affliction.

Intelligence Parfaitement Pure, puisque les caractéristiques des facteurs de composition sont à la fois distinctes et non distinctes, le yogi recherchera la réalité absolue par-delà sa façon habituelle de voir, d'entendre, de distinguer et de connaître les facteurs de composition. Insubstantialité même des facteurs de composition, la réalité absolue en est complètement distincte, et comme il n'est pas prouvé que la caractéristique essentielle des phénomènes affligés et celle des phénomènes purifiés soient des caractéristiques différentes et simultanées, il ne convient pas d'avancer que la caractéristique essentielle des facteurs de composition et celle de la réalité absolue sont à la fois identiques et différentes.

Sache donc, par ce que je viens de te démontrer, que, aussi bien ceux qui déclarent que la caractéristique essentielle des facteurs de composition et celle de la réalité absolue ne sont pas différentes que ceux qui déclarent le contraire, ne sont pas dans le vrai et ne peuvent l'être.

Intelligence Parfaitement Pure, il en va comme de la blancheur de la conque : il n'est pas facile de décider si la blancheur est indistincte de la conque ou si elle s'en distingue. Et il en va de la couleur jaune de l'or comme de la blancheur de la conque.

Il n'est pas non plus facile de décider si la douceur du son de la *vînâ* est une caractéristique indistincte du son de la *vînâ*, ou s'il s'agit d'une caractéristique qui s'en distingue. Ou encore, il n'est pas facile de décider si le parfum de l'aloès est une caractéristique indistincte de l'aloès, ou s'il s'agit d'une caractéristique qui s'en distingue. De même, il n'est pas facile de déterminer si la saveur brûlante du poivre est une caractéristique indistincte du poivre, ou s'il s'agit d'une caractéristique qui s'en distingue. Et il en sera de l'amertume de l'*arura*[1] comme de la saveur brûlante du poivre. De même pour la douceur du coton : le coton et sa douceur caractéristique sont-ils indifférenciés ou bien distincts ? Voilà qui est difficile à déterminer. Pour prendre un autre exemple : le beurre clarifié et le beurre sont-ils des modalités du lait différentes ou identiques dans leur essence ? De même, il n'est pas facile de déterminer si l'impermanence de tous les facteurs de composition, ou bien le caractère douloureux inhérent à tous les phénomènes pollués, ou encore l'absence d'identité propre de tous les phénomènes

---

1. Plante médicinale considérée comme une panacée dans la médecine bouddhique.

sont des caractéristiques indifférenciées de l'objet qu'elles caractérisent ou si elles en sont distinctes.

Intelligence Parfaitement Pure, il en est comme de l'inquiétude ou de l'affliction, qui sont les caractéristiques du désir : il n'est pas facile de déterminer si le désir est indistinct de ces caractéristiques ou bien s'il en est distinct. Sache qu'il en va de l'aversion et de la bêtise comme du désir.

De même, Intelligence Parfaitement Pure, il est impossible de déterminer si les caractéristiques des facteurs de composition et la caractéristique essentielle de la réalité absolue sont indistinctes ou distinctes de l'objet qu'elles caractérisent.

Intelligence Parfaitement Pure, c'est de la sorte que je me suis pleinement et authentiquement éveillé à la réalité absolue, laquelle est subtile, éminemment subtile, difficile à comprendre, très difficile à réaliser, sa caractéristique essentielle transcendant complètement toute distinction ou indifférenciation. M'étant pleinement et authentiquement éveillé à cette réalité, je m'en suis expliqué, je l'ai mise au clair, je l'ai exposée, je l'ai définie et complètement dévoilée.»

Alors le Bienheureux prononça ces stances :

«La caractéristique essentielle du domaine des facteurs de composition et celle de la réalité absolue
Ne sont ni différentes ni identiques.
Aucun de ceux qui leur attribuent identité et différence
N'est dans le vrai.

Les êtres qui auront cultivé la vision éminente
Et la quiétude mentale
Seront libérés de l'entrave des pesanteurs
Et de l'entrave des caractéristiques.»

Ici s'achève le chapitre troisième, suscité par Intelligence Parfaitement Pure.

Chapitre IV

Le Bienheureux s'adressa alors au vénérable Subhûti :
« Subhûti, sais-tu combien d'êtres, dans ce monde d'êtres animés, exposent leur connaissance sous l'emprise de l'orgueil, et combien d'entre eux exposent leur connaissance sans la moindre présomption ? »

Subhûti répondit :
« Bienheureux, à ma connaissance, dans ce monde d'êtres animés, rares sont les êtres qui exposent leur connaissance sans présomption. D'après moi, Bienheureux, dans ce monde d'êtres animés, ceux qui exposent leur connaissance sous l'emprise de l'orgueil dépassent toute mesure et leur nombre est inexprimable. Bienheureux, alors que je vivais dans un ermitage de la grande forêt, je partageais ma retraite avec un grand nombre de moines. Or il advint qu'un matin très tôt les moines se réunirent. Une fois ensemble, ils firent montre de leur sagesse, exprimant ainsi ce qu'ils avaient réalisé en observant toute une variété de phénomènes. Les uns exposaient la connaissance qu'ils avaient acquise en examinant les agrégats, leurs caractéristiques, leur production, leur destruction et leur cessation, ainsi qu'en contemplant l'actualisation de la cessation des agrégats. Et tandis qu'ils exposaient la connaissance qu'ils avaient

acquise par l'observation des agrégats, d'autres exposaient de même la sagesse résultant de l'examen des sphères psycho-sensorielles, et d'autres encore la sagesse acquise en observant la coproduction conditionnée. Certains exposaient la connaissance qu'ils avaient acquise en examinant les quatre types d'aliments[1], leur production, leur destruction, leur cessation et l'actualisation de leur cessation. D'autres exposaient la connaissance résultant de l'observation des quatre nobles vérités et de leurs caractéristiques, de la parfaite reconnaissance de la vérité de la souffrance, de l'abandon qu'implique la vérité de l'origine de la souffrance, de l'actualisation de la vérité de la cessation et de la méditation sur la vérité de l'octuple sentier. D'autres encore exposaient la connaissance résultant de l'examen des dix-huit éléments, de leurs caractéristiques, de leur variété, de leur globalité, de leur cessation et de l'actualisation de leur cessation.

Certains s'exprimaient sur la connaissance résultant de l'examen des quatre fixations de l'attention, de leurs caractéristiques, des antidotes contre ce qui leur fait obstacle, de la méditation des quatre fixations de l'attention, de la production des fixations de l'attention qui n'existent pas encore, de leur établissement, de leur non-oubli, de leur reproduction et de leur accroissement.

De même que ceux-là s'exprimaient sur les fixations de l'attention, d'autres dissertaient sur les abandons parfaits, les fondements des pouvoirs miraculeux, les cinq facultés, les cinq forces et des membres de l'Éveil. D'autres enfin exposaient la connaissance résultant de l'observation de l'octuple sentier des

---

1. Les aliments (sk. *āhāra*, tib. *zas*) sont ce qui sustente la vie des êtres dans le *saṃsāra*. Les quatre aliments du domaine du désir sont l'aliment grossier (tangibles, odeurs et saveurs) qui nourrit le corps ; l'aliment du toucher qui produit la satisfaction par le contact avec l'objet ; l'aliment des formations mentales, formé de désirs impurs d'objets agréables ; et l'aliment de la conscience, les opérations de la conscience souillée qui nourrissentt et entretiennent les éléments constituant les organes.

êtres sublimes, de l'observation des caractéristiques de l'octuple sentier des êtres sublimes, de l'observation des andidotes contrecarrant les obstacles à l'octuple sentier des êtres sublimes, de l'observation de la méditation sur l'octuple sentier des êtres sublimes, de l'observation de la naissance de l'octuple sentier des êtres sublimes, lequel ne naît point, de l'observation de son établissement une fois né, de l'observation de son non-oubli, de sa reproduction, de sa croissance et de son développement[1].

À cette vue, il me vint cette réflexion : "Voici que ces vénérables dévoilent ce qu'ils ont réalisé par l'examen de la variété des phénomènes pour exposer leur sagesse. Mais comme ils n'ont pas cherché la saveur unique de tous ces phénomènes au sein de la réalité absolue, ces vénérables ne peuvent exprimer leur sagesse que sous l'emprise de l'orgueil."

Bienheureux, vous avez déclaré que la réalité absolue était subtile et profonde, difficile à réaliser, extrêmement difficile à réaliser, et qu'elle avait pour caractéristique essentielle une saveur unique au sein de tous les phénomènes. Voilà d'excellentes paroles que vous, le Bienheureux, vous avez prononcées d'admirable façon !

Bienheureux, si les moines qui ont pénétré cet enseignement du Bienheureux sur la saveur unique de toutes choses — cette caractéristique de l'ultime — peinent à en réaliser le sens, qu'en sera-t-il des autres, les religieux étrangers au Dharma ? »

Le Bienheureux répondit :

« Il en est ainsi, Subhûti, il en est bien ainsi ! Je me suis pleinement et authentiquement éveillé à l'absolu que caractérise cette saveur unique de toutes choses, lequel est subtil, éminemment subtil, profond, suprêmement profond, difficile à comprendre et très difficile à réaliser. M'étant ainsi pleinement et réellement éveillé à cette réalité, je m'en suis expliqué, je l'ai

---

1. Cet ensemble (les quatre fixations de l'attention, les quatre abandons parfaits, les quatre fondements des pouvoirs miraculeux, les cinq facultés, les cinq forces, les sept membres de l'Éveil et l'octuple sentier) constitue les trente-sept pratiques auxiliaires de l'Éveil (sk. *bodhipākṣikadharma*, tib. *byang phyogs so bdun*).

mise au clair, je l'ai exposée, je l'ai définie et complètement dévoilée.

Pourquoi donc ? Parce que, Subhûti, j'ai précisément enseigné que, au sein même des agrégats, l'objet parfaitement pur était la réalité absolue. Subhûti, j'ai de même enseigné qu'au sein des sphères psycho-sensorielles, de la coproduction conditionnée, des aliments, des vérités, des éléments, des fixations de l'attention, des abandons parfaits, des fondements des pouvoirs miraculeux, des facultés, des forces, des membres de l'Éveil et aussi, Subhûti, de l'octuple sentier des êtres sublimes, l'objet pur était la réalité absolue.

Cette saveur unique de toutes choses, qui est l'objet pur au sein des agrégats, n'est pas une caractéristique séparée des choses. Et il en va des sphères psycho-sensorielles – et ainsi de suite jusqu'à l'octuple sentier des êtres sublimes – comme des agrégats : en tous il y a cet objet pur, cette saveur unique et universelle qui n'est pas une caractéristique distincte. Sache donc par cette démonstration, Subhûti, que cette saveur unique en toutes choses est la réalité absolue.

Par ailleurs, Subhûti, quand un moine pratiquant le yoga a parfaitement réalisé l'ainsité, l'absolu, l'insubstantialité dans un seul agrégat, il n'a plus à rechercher cette ainsité, l'absolu, l'insubstantialité dans aucun des autres agrégats ni dans les éléments ni dans les sphères psycho-sensorielles ni dans la coproduction conditionnée ni dans les aliments ni dans les vérités ni dans les fixations de l'attention ni dans les abandons parfaits ni dans les fondements des pouvoirs miraculeux ni dans les facultés et les forces ni dans les membres de l'Éveil ni même dans l'octuple sentier des êtres sublimes. Du fait même de cette connaissance non duelle issue de l'ainsité, il saisit sans hésitation la réalité absolue qui a pour caractéristique cette saveur unique, la même en toutes choses, il en atteint la réalisation effective. Sache donc par cette démonstration, Subhûti, que ce qui est caractérisé par une saveur unique en toutes choses est bien la réalité absolue.

Par ailleurs, Subhûti, les agrégats, les sphères psycho-senso-rielles, la coproduction conditionnée, les aliments, les vérités, les éléments, les fixations de l'attention, les abandons parfaits, les fondements des pouvoirs miraculeux, les facultés, les forces et les membres de l'Éveil ont des caractéristiques distinctes, de même que les éléments de l'octuple sentier des êtres sublimes ont des caractéristiques distinctes. Si l'ainsité de ces phéno-mènes, leur réalité absolue, leur insubstantialité, présentait de même des caractéristiques différenciatrices, il s'ensuivrait que l'ainsité — qui est la réalité absolue de l'insubstantialité — s'accompagnerait de causes, et que, partant, elle résulterait de causes. Si l'ainsité avait des causes, elle serait un phénomène composé. Si l'ainsité était composée, elle ne saurait être la réalité absolue. Et si elle n'était pas la vérité absolue, il faudrait chercher la réalité absolue tout à fait ailleurs.

Voilà pourquoi, Subhûti, la réalité absolue — qui est l'insubs-tantialité des phénomènes — n'a pas de causes, n'est pas compo-sée, ne peut pas être ce qui n'est pas l'absolu, et ne doit pas être cherché ailleurs que dans cet absolu. Ainsi, que les tathâgatas se manifestent ou non, puisque, de toute éternité, les phénomènes s'inscrivent dans la durée, seule demeure leur dimension absolue.

Par conséquent, Subhûti, sache par cette démonstration que tout ce qui a cette saveur pour caractéristique unique est la réalité absolue.

Subhûti, il en va comme de l'espace : au regard des formes variées dont les caractères sont bien distincts, il est dépourvu de signes, inconcevable et immuable. Il a pour caractéristique essentielle une saveur unique, la même en tout lieu. De même, Subhûti, sache qu'au regard des phénomènes pourvus de carac-téristiques distinctives la réalité absolue a pour caractéristique cette saveur unique, la même en toutes choses.

Alors le Bienheureux prononça cette stance :

« La réalité absolue où il n'est pas de distinctions,
A pour caractère une saveur unique, la même en toutes
    choses, ainsi que l'enseignent les tathâgatas.
Penser qu'il s'y trouve des distinctions,
C'est sombrer dans l'orgueil. »

ici s'achève le quatrième chapitre, suscité par Subhûti.

Chapitre V

Le bodhisattva Vaste Intelligence questionna alors le Bienheureux :

« Le Bienheureux a déclaré : "Les bodhisattvas sont des experts dans les secrets de l'esprit, du mental et des consciences ; ils le sont vraiment." Bienheureux, en quoi les bodhisattvas sont-ils experts dans les secrets de l'esprit, du mental et des consciences ? Pourquoi le Bienheureux dépeint-il les bodhisattvas comme des experts dans les secrets de l'esprit, du mental et des consciences ? »

Il dit, et le Bienheureux répondit :
« Vaste Intelligence, tu t'es engagé à œuvrer au bien des êtres qui sont innombrables, pour que tous ils soient heureux, par amour pour le monde, et dans le but de dispenser bien-être et bonheur à tous les êtres, hommes et dieux inclus. C'est pour cela que tu questionnes le Bienheureux, ce qui est excellent, vraiment excellent ! Par conséquent, écoute bien, Vaste Intelligence, car je vais t'expliquer comment les bodhisattvas sont experts dans les secrets de l'esprit, du mental et des consciences.
Vaste Intelligence, dans ce cercle des six destinées, aussi nombreux que soient les êtres et quelle que soit leur catégorie

— qu'ils soient ovipares, qu'ils naissent d'une matrice, de la chaleur humide ou miraculeusement —, ils naissent en manifestant un corps et, dès le premier instant, en vertu de deux types d'appropriation, ils s'approprient à la fois les organes physiques du support corporel et les imprégnations karmiques qui se trouvent à l'origine de la prolifération des désignations nominales telles que caractéristiques, noms et concepts. S'appuyant sur ces deux appropriations, leur esprit porteur de toutes les semences parvient à maturité, se développe, s'accroît et s'amplifie. La double appropriation existe aussi dans le monde de la Forme pure, mais elle est absente du monde du Sans-Forme.

Vaste Intelligence, la conscience est également appelée "conscience appropriatrice", car c'est avec elle que l'on s'empare de ce corps en se l'appropriant. On l'appelle encore "conscience base universelle"[1], car c'est elle qui s'unit entièrement et complètement au corps dans le seul but de l'édifier et d'y trouver le bonheur. On l'appelle encore "esprit pensant" parce qu'elle recueille et accumule les formes, les sons, les odeurs, les saveurs, les textures et les phénomènes mentaux.

Vaste Intelligence, prenant appui sur la base de cette conscience appropriatrice et s'y établissant, surgissent les six groupes de consciences modales[2], à savoir la conscience visuelle, la conscience auditive, les consciences olfactive, gustative et tactile, ainsi que la conscience mentale. S'appuyant sur

---

1. Tib. *kun gzhi'i rnam shes*, sk. *ālayavijñāna* : la conscience base universelle ou huitième conscience exposée dans certains *sūtra* du troisième tour de roue comme celui-ci et dans le courant Yogācāra ou Vijñānavāda.

2. tib. *rnam shes*, sk. *vijñāna* : par ce terme, il faut entendre une connaissance (*jñāna*) qui divise ou distingue (*vi-*) les phénomènes connaissables selon leurs modalités particulières. Les phénomènes reconnaissables par leurs formes et leurs couleurs sont ainsi les objets particuliers de la conscience de la vue, qui a pour fonction de distinguer formes et couleurs, à l'exclusion de toute autre caractéristique comme le son, l'odeur, etc. De même, les phénomènes sonores sont les objets de la conscience auditive, etc. *Vijñāna* s'oppose à *jñāna*, la sagesse ou connaissance primordiale, qui ne se soucie pas de la distinction des marques particulières des phénomènes, ou plutôt l'englobe au sein de leur réalité absolue par-delà toutes les marques.

l'œil et les formes et en association avec la conscience, surgit la conscience visuelle. Conjointement à cette conscience visuelle surgit simultanément et dans la même sphère d'activité une conscience mentale fictionnante.

Vaste Intelligence, prenant appui sur l'oreille, le nez, la langue et le corps, et en association avec la conscience, surgissent les consciences auditive, olfactive, gustative et tactile. Conjointement à ces consciences tactile, auditive, olfactive et gustative surgit simultanément et dans la même sphère d'activité une conscience mentale fictionnante. S'il surgit seulement la conscience visuelle, il émergera, conjointement à cette conscience visuelle, une seule conscience mentale fictionnante répondant au même objet. Et si deux, trois, quatre ou même cinq consciences surgissent simultanément et conjointement, il surgira conjointement et simultanément une seule et même conscience mentale fictionnante répondant aux objets de toutes ces consciences.

Vaste Intelligence, il en va comme d'un grand fleuve qui poursuit son cours : s'il se présente une condition pour l'émergence d'une seule vague à sa surface, il ne surgira qu'une seule vague. S'il se présente les conditions pour la production de deux ou de plusieurs vagues, alors il surgira deux ou plusieurs vagues, mais le courant du fleuve ne s'en trouvera pas pour autant interrompu[1] ou épuisé. Ou encore, s'il se présente une condition pour qu'apparaisse un seul reflet dans un clair miroir, un seul reflet apparaîtra. S'il se présente les conditions pour qu'apparaissent deux, voire de nombreux reflets, ce sont deux reflets et plus qui apparaîtront. Toutefois, la surface du miroir

---

1. L'image du fleuve ininterrompu est une métaphore utilisée pour rendre compte de la nature de l'*ālayavijñāna* : cette conscience, comparée au cours du fleuve, est ininterrompue car elle fait le lien entre tous les événements mentaux, se poursuit même durant les périodes d'interruption de l'activité mentale (sommeil, mort, etc.) et d'une vie à la suivante. Cependant son contenu, comparé à l'eau du fleuve, est toujours renouvelé. Il est donc à la fois continu et impermanent.

n'en sera pas pour autant transformée en l'objet reflété, car elle n'est pas réellement unie à cet objet.

Vaste Intelligence, la conscience appropriatrice est comparable au fleuve et au miroir : si, prenant appui sur elle et s'y établissant, il surgit une condition pour la production d'une seule et unique conscience visuelle, seule apparaîtra la conscience visuelle. S'il se présente les conditions pour l'émergence simultanée des cinq consciences, ces cinq consciences aussitôt surgiront.

Ainsi en est-il, Vaste Intelligence : les bodhisattvas qui prennent appui sur la connaissance de la Doctrine et s'établissent dans cette connaissance sont vraiment des experts dans les secrets de l'esprit, du mental et des consciences. Cependant, quand le Tathâgata dit des bodhisattvas qu'ils sont experts en toutes choses, ce n'est pas pour la seule raison qu'ils sont experts dans les secrets de l'esprit, du mental et des consciences. C'est parce que, Vaste Intelligence, ces bodhisattvas ne perçoivent rien de tel que les appropriations internes ou la conscience appropriatrice, mais se conforment au Tel Quel. Ils ne perçoivent rien de tel que la base universelle ou la conscience base universelle, ils ne prennent plus en considération les accumulations ni l'esprit pensant ni l'œil ni les formes ni la conscience visuelle ; ils ne prennent plus en considération ni l'oreille ni les sons ni la conscience auditive ; ils ne prennent plus en considération ni le nez ni les odeurs ni la conscience olfactive ; ils ne prennent plus en considération ni la langue ni les saveurs ni la conscience gustative ; ils ne prennent plus en considération ni le corps ni les textures ni la conscience tactile.

Vaste Intelligence, c'est parce qu'ils ne perçoivent rien de tel que ce mental qui discrimine, parce qu'ils ne prennent plus en considération les phénomènes mentaux ni même la conscience mentale, mais se conforment au Tel Quel. Ces bodhisattvas méritent le nom d'"experts en réalité absolue", et le Tathâgata dit de ces bodhisattvas experts en réalité absolue qu'ils sont experts dans les secrets de l'esprit, du mental et des consciences. Vaste Intelligence, voilà l'unique raison pour laquelle ces bodhisattvas sont experts dans les secrets de l'esprit, du mental et des consciences. C'est uniquement pour cela que le Tathâgata les déclare experts dans les secrets de l'esprit, de l'intellect et de la conscience.

Alors le Bienheureux prononça cette stance :

«Profonde et subtile, la conscience appropriatrice
S'écoule tel un fleuve, chargée de toutes les semences.
Il serait faux de la concevoir comme un "soi",
Et je ne l'ai donc pas enseignée aux êtres puérils.»

Ici s'achève le cinquième chapitre, suscité par Vaste Intelligence.

Chapitre VI

Le bodhisattva Source des Qualités interrogea alors le Bienheureux :

« Le Bienheureux a déclaré : "Les bodhisattvas sont experts dans les caractéristiques des phénomènes, ils sont vraiment experts dans les caractéristiques des phénomènes." Bienheureux, en quoi les bodhisattvas sont-ils experts dans les caractéristiques des phénomènes ? Pourquoi le Bienheureux désigne-il les bodhisattvas comme des experts dans les caractéristiques des phénomènes ? »

Le Bienheureux répondit au bodhisattva Source des Qualités :
« Source des Qualités, tu t'es engagé à œuvrer au bien des êtres qui sont innombrables, pour que tous ils soient heureux, par amour pour le monde, et dans le but de dispenser à tous le bonheur et le bien-être, hommes et dieux inclus. C'est pour cela que tu questionnes le Bienheureux, et c'est excellent, vraiment excellent ! Par conséquent, écoute bien, Source des Qualités, car je vais t'expliquer comment et pourquoi les bodhisattvas sont experts dans les caractéristiques des phénomènes.

Source des Qualités, les caractéristiques des phénomènes peuvent se ramener à trois : la caractéristique du purement imaginaire ; la caractéristique du dépendant ; et la caractéristique du parfaitement établi.

Source des Qualités, quelle est donc la caractéristique purement imaginaire des phénomènes ? Il s'agit des désignations nominales et symboliques qui accordent une essence aux phénomènes et d'autres particularités différenciatrices qui permettent ensuite de les désigner conventionnellement.

Source des Qualités, quelle est donc la caractéristique dépendante des phénomènes ? Leur coproduction conditionnée : "Ceci étant, cela se produit ; de la production de ceci naît cela", depuis : "L'ignorance conditionne les facteurs de composition" jusqu'à "C'est ainsi qu'une grande masse de souffrance est produite"[1].

Source des Qualités, quelle est donc la caractéristique parfaitement établie des phénomènes ? Leur ainsité, que les bodhisattvas réalisent à force de diligence et grâce à une soigneuse application mentale. Une fois habitués à cette compréhension, ils l'actualisent comme il se doit. Elle leur permettra de s'établir progressivement dans le vrai jusqu'à ce qu'ils atteignent l'insurpassable Éveil authentique et parfait.

Source des Qualités, il en va de la caractéristique purement imaginaire comme de cet homme affecté par la cataracte : sa vision est défectueuse. Source des Qualités, il en est de la caractéristique dépendante comme dans le même exemple où l'homme perçoit les manifestations de son trouble oculaire : images de cheveux, mouches volantes, graines de sésame, taches bleues, jaunes, rouges ou blanches. Source des Qualités, pour garder notre exemple, il en est de la caractéristique parfaite-

---

1. Sur les douze éléments de la coproduction conditionnée, on se reportera au *Śālistambasūtra*, «Le Soûtra du Riz en herbe» ou «Soûtra de la Pousse de riz», *Soûtra du Diamant et autres soûtras de la Voie médiane* dans la même collection, p. 97 sq. et p. 123 sq.

ment établie comme pour un autre homme dont les yeux seraient parfaitement sains : aucun trouble n'affecte sa vision et de ce fait, il perçoit sans erreur les objets visuels.

Source des Qualités, il en est comme dans l'exemple du cristal placé sur un support de couleur bleue : il apparaît comme un précieux saphir "grand bleu". L'identifiant par erreur à ce précieux joyau qu'est le saphir, les êtres animés se trouvent dans la plus grande confusion. Au contact de la couleur rouge, ce [même cristal] ressemble à un précieux rubis. L'identifiant par erreur au précieux rubis, les êtres animés se trouvent dans la plus grande confusion. Au contact de la couleur verte, ce [même cristal] apparaît tel une précieuse émeraude. L'identifiant par erreur à cette précieuse émeraude, les êtres animés sont dans la plus grande confusion. Au contact de la couleur jaune, il apparaît tel de l'or. L'identifiant par erreur à de l'or, les êtres animés sont dans la plus grande confusion.

Source des Qualités, le caractère dépendant affecté par les imprégnations des désignations conventionnelles du purement imaginaire est comparable au clair cristal de l'exemple quand il entre au contact d'une couleur. Comme dans cet exemple où le cristal est pris par erreur pour une matière précieuse comme le saphir, le rubis, l'émeraude ou l'or, observe comment on assimile la caractéristique dépendante aux caractéristiques du purement imaginaire.

Source des Qualités, considère que le caractère dépendant est semblable au cristal de cet exemple. De même que les caractéristiques du saphir, du rubis, de l'émeraude ou de l'or sont attribuées à tort au cristal, de même la caractéristique dépendante, qui n'est pas parfaitement établie en tant que permanence, éternité, durée et pérennité, est dépourvue d'essence. Et sa caractéristique parfaitement établie consiste précisément en cette absence d'essence, au fait qu'elle n'est pas parfaitement établie dans la permanence, l'éternité, la durée et la pérennité.

Source des Qualités, tu sauras ainsi que la caractéristique purement imaginaire repose sur des noms rattachés à des marques. Tu sauras que la caractéristique dépendante repose sur la complète adhésion de la caractéristique purement imaginaire à la caractéristique dépendante. Et tu sauras que la caractéristique parfaitement établie repose sur l'absence d'adhésion de la caractéristique purement imaginaire à la caractéristique dépendante.

Source des Qualités, lorsque les bodhisattvas reconnaissent la vraie nature de la caractéristique purement imaginaire par rapport à la caractéristique dépendante, ils reconnaissent la vraie nature des phénomènes, laquelle est dépourvue de caractéristiques.

Source des Qualités, lorsque les bodhisattvas reconnaissent la vraie nature de la caractéristique dépendante, ils reconnaissent les phénomènes souillés par l'affliction pour ce qu'ils sont réellement.

Source des Qualités, lorsque les bodhisattvas reconnaissent la vraie nature de la caractéristique parfaitement établie, ils reconnaissent la vraie nature des phénomènes caractérisés par une pureté parfaite.

Source des Qualités, lorsque les bodhisattvas reconnaissent dans la caractéristique dépendante la vraie nature des phénomènes, laquelle est dénuée de caractéristiques, ils se dégagent des phénomènes caractérisés par l'affliction. Et en se dégageant ainsi des phénomènes caractérisés par l'affliction, ils accèdent aux phénomènes caractérisés par une pureté parfaite.

Par conséquent, Source des Qualités, les bodhisattvas reconnaissent parfaitement la vraie nature de la caractéristique purement imaginaire, de la caractéristique dépendante et de la caractéristique parfaitement établie. En reconnaissant parfaitement l'absence de caractéristiques, la caractéristique souillée par l'affliction et la caractéristique parfaitement pure pour ce qu'elles sont réellement, ils reconnaissent les phénomènes dépourvus de caractéristiques pour ce qu'ils sont réellement, et de ce fait se dégagent complètement des phénomènes caractérisés par l'affliction. Et en se dégageant ainsi des phénomènes caractérisés par l'affliction, ils accèdent aux phénomènes caractérisés par la pureté parfaite. Voilà l'unique raison pour laquelle les bodhisattvas sont experts dans les caractéristiques des phénomènes. Lorsque les tathâgatas déclarent les bodhisattvas experts dans les caractéristiques des phénomènes, ce n'est que pour cette unique raison.

Alors le Bienheureux prononça ces stances :

« Celui qui reconnaît parfaitement que les phénomènes sont dépourvus de caractéristiques
Se dégagera complètement des phénomènes caractérisés par l'affliction.
Dégagé des phénomènes caractérisés par l'affliction,
Il accédera aux phénomènes que caractérise la pureté parfaite.

Vaincus par la négligence et les fautes, les êtres paresseux
Ne perçoivent pas les défauts des facteurs de composition.
Misérables au beau milieu des phénomènes fluctuants et instables,
Ils méritent toute notre compassion. »

Ici s'achève le sixième chapitre, suscité par Source des Qualités.

Chapitre VII

Le bodhisattva Lever de la Réalité Absolue interrogea alors le Bienheureux :

«Bienheureux, alors que je me trouvais seul en retraite, il me vint cette pensée : le Bienheureux a maintes fois parlé des caractéristiques propres aux agrégats, des caractéristiques de leur naissance, de leur destruction, de leur abandon et de leur connaissance parfaite. Et de même qu'il a parlé des agrégats, il a parlé des douze sources des sens, de la coproduction conditionnée et des aliments.

Le Bienheureux a également parlé maintes fois des caractéristiques des vérités, de leur connaissance parfaite, de l'abandon des causes de la souffrance, de l'actualisation de la cessation, et de la méditation sur la voie.

Le Bienheureux a aussi parlé maintes fois des caractéristiques propres aux éléments, de leur diversité, de leur multiplicité, de leur abandon et de leur connaissance parfaite.

Le Bienheureux a en outre maintes fois parlé des caractéristiques propres aux fixations de l'attention, de ce qui leur fait obstacle, des antidotes à appliquer alors, de leur production dans la non-production, de leur maintien une fois produites, de leur non-oubli, de leur reproduction, de leur croissance et de leur amplification. Et de même que pour les fixations de l'attention, il a également parlé des abandons parfaits, des fondements des pouvoirs miraculeux, des facultés, des forces et des membres de l'Éveil. À maintes occasions, le Bienheureux nous a aussi parlé de l'octuple sentier des êtres sublimes, de ses caractères propres, de ce qui lui fait obstacle, des antidotes correspondants à ces obstacles, de la méditation, de sa production dans la non-production, de son maintien une fois produit, de son non-oubli, de sa reproduction, de sa croissance et de son amplification.

Or le Bienheureux a également déclaré que tous les phénomènes sont dépourvus d'essence, qu'ils n'ont ni naissance ni cessation, qu'ils sont apaisés dès l'origine et naturellement au-delà de la souffrance.

J'ai alors pensé : "Quelle est l'intention du Bienheureux lorsqu'il déclare que tous les phénomènes sont dépourvus d'essence, qu'ils n'ont ni naissance ni cessation, qu'ils sont apaisés dès l'origine et naturellement au-delà de la souffrance ? À quoi le Bienheureux pense-t-il lorsqu'il déclare que tous les phénomènes sont dépourvus d'essence, qu'ils n'ont ni naissance ni cessation, qu'ils sont apaisés dès l'origine et naturellement au-delà de la souffrance ?" Quel est le sens de tout cela : voilà la question que j'adresse au Bienheureux ! »

Le Bienheureux répondit ainsi au bodhisattva :

« Lever de la Réalité Absolue, ta réflexion, née dans une intention vertueuse, est excellente, vraiment excellente ! Lever de la Réalité Absolue, tu t'es engagé à œuvrer au bien des êtres qui sont innombrables pour que tous soient heureux, par amour pour le monde, et dans le but de dispenser à tous le bonheur et le bien-être, hommes et dieux inclus. C'est pour cela que tu questionnes le Bienheureux, et c'est excellent, vraiment excellent ! Par conséquent, écoute bien, Lever de la Réalité Absolue, car je vais t'expliquer quelle était mon intention lorsque j'ai déclaré : "Tous les phénomènes sont dépourvus d'essence ; sans naissance ni cessation, ils sont apaisés dès l'origine et naturellement au-delà de la souffrance."

Lever de la Réalité Absolue, c'est en ayant à l'esprit les trois types d'absence d'essence propre des phénomènes – l'absence d'essence des caractéristiques, l'absence d'essence de la production et l'absence d'essence de la réalité ultime – que j'ai enseigné que les phénomènes n'avaient pas d'essence.

Lever de la Réalité Absolue, qu'entend-on par l'absence d'essence des caractéristiques des phénomènes ? Leur caractéristique purement imaginaire. Pourquoi ? Parce que ce caractère repose sur des noms et des signes et non sur des caractéristiques essentielles qui leur sont propres. Telle est, par conséquent, l'absence d'essence des caractéristiques.

Lever de la Réalité Absolue, qu'entend-on par l'absence d'essence de la production des phénomènes ? Leur caractéristique dépendante. Pourquoi ? Parce qu'elle naît par le pouvoir de conditions étrangères et n'existe pas par elle-même. Telle est, par conséquent, l'absence d'essence de la production.

Lever de la Réalité Absolue, qu'entend-on par l'absence d'essence de la réalité absolue ? Dans l'absence d'essence de leur production, les phénomènes produits par la coproduction conditionnée sont eux-mêmes dépourvus d'essence. C'est donc du fait de l'absence d'essence de la réalité absolue qu'ils sont dépourvus d'essence. Pourquoi ? Parce que, Lever de la Réalité Absolue, j'ai enseigné qu'au sein de tous les phénomènes l'objet pur relevait de la réalité absolue. Et comme la caractéristique du dépendant n'est pas un objet pur, on la dénomme "absence d'essence de la réalité absolue". Par ailleurs, Lever de la Réalité Absolue, la caractéristique parfaitement établie d'un phénomène est elle-même une absence d'essence de la réalité ultime. Pourquoi ? Parce que, Lever de la Réalité Absolue, c'est l'insubstantialité des phénomènes qui revient à leur absence d'essence. Tel est l'absolu, et comme cet absolu est complètement ouvert du fait de l'absence d'essence de tous les phénomènes, je l'appelle "absence d'essence de la réalité absolue".

Lever de la Réalité Absolue, considère que la caractéristique de l'absence d'essence est comparable à une fleur céleste. Lever de la Réalité Absolue, considère que l'absence d'essence de la production est comparable à une apparition magique. Considère de même l'absence d'essence de la réalité absolue sous l'un de ses deux aspects. Lever de la Réalité Absolue, de même que par exemple on définit l'espace comme la simple inexistence des formes spatiales qui imprègne toutes choses, de même dois-tu considérer que, sous l'un de ses aspects, l'absence d'essence de la réalité absolue est l'insubstantialité des phénomènes, qui est omniprésente et une.

Lever de la Réalité Absolue, c'est en ayant ces trois modalités de l'absence d'essence à l'esprit que j'ai enseigné l'absence d'essence de tous les phénomènes.

Lever de la Réalité Absolue, c'est en pensant à l'absence d'essence des caractéristiques que j'ai enseigné : "Tous les phénomènes sont dépourvus de naissance et de cessation, ils sont apaisés dès l'origine et naturellement au-delà de la souffrance." Pourquoi cela ? Parce que, Lever de la Réalité Absolue, tout ce qui n'existe pas du fait de sa caractéristique essentielle n'a pas de naissance ; tout ce qui n'a pas de naissance est incessant ; tout ce qui n'a ni naissance ni cessation est apaisé dès l'origine ; et tout ce qui est apaisé dès l'origine est naturellement au-delà de la souffrance. Or, dans ce qui est naturellement au-delà de la souffrance, il n'est plus la moindre chose à faire passer dans l'au-delà de la souffrance. Par conséquent, c'est en pensant à l'absence d'essence des caractéristiques que j'ai enseigné : "Tous les phénomènes sont dépourvus de naissance et de cessation, ils sont apaisés dès l'origine et naturellement au-delà de la souffrance."

Par ailleurs, Lever de la Réalité Absolue, c'est en pensant à l'absence d'essence de la réalité absolue − l'insubstantialité des phénomènes − que j'ai enseigné : "Tous les phénomènes sont dépourvus de naissance et de cessation, ils sont apaisés dès l'origine et naturellement au-delà de la souffrance." Pourquoi ? Parce que l'absence d'essence de la réalité absolue étant définie comme l'insubstantialité des phénomènes, elle demeure en permanence dans le temps permanent et éternellement dans le temps éternel. Tel est l'incomposé, la réalité même des phénomènes où il n'est aucune passion. Du fait qu'il est le réel lui-même, l'incomposé demeure en permanence dans le temps permanent et éternellement dans le temps éternel. Voilà pourquoi il n'a ni naissance ni cessation ; et comme il est libre de toute passion, il est apaisé dès l'origine et naturellement au-delà de la souffrance. C'est donc en pensant à l'absence d'essence de la réalité absolue comprise comme l'insubstantialité des phénomènes que j'ai enseigné : "Tous les phénomènes sont dépourvus de naissance et de cessation, ils sont apaisés dès l'origine et naturellement au-delà de la souffrance."

Lever de la Réalité Absolue, je n'ai pas exposé ouvertement les trois modalités de l'absence d'essence parce que les êtres pensants du monde considèrent la nature purement imaginaire comme une nature indépendante, et parce qu'ils considèrent la nature dépendante et la nature parfaitement établie comme deux choses essentiellement distinctes. Lorsqu'ils surimposent la nature purement imaginaire à la nature dépendante et à la nature parfaitement établie, les êtres animés attribuent conventionnellement à la nature dépendante et à la nature parfaitement établie des caractères propres à la nature purement imaginaire. Et depuis qu'ils leur attribuent ainsi ces conventions, ils ont l'esprit imprégné par ces désignations conventionnelles, de sorte qu'ils se trouvent aliénés par elles. Du fait des passions qui se trouvent à l'état latent dans ces désignations conventionnelles, ils adhèrent fermement aux caractéristiques de la nature purement imaginaire en lieu et place de la nature dépendante et de la nature parfaitement établie. Cette adhésion est la cause de leur adhésion ferme à la nature purement imaginaire en lieu et place de la nature dépendante, et au gré de ces conditions, ils parviennent ensuite à la conviction qu'il s'agit là de la vraie nature du dépendant. Sur cette base naissent les passions qui engendrent tout ce qui est souillé par les passions, les passions issues des actes et les passions produites par la naissance. Voilà pourquoi les êtres animés tournent en rond fort longtemps, se précipitant tantôt dans les enfers, tantôt chez les animaux, chez les esprits affamés ou bien encore chez les dieux, chez les titans ou parmi les hommes, incapables d'échapper au cercle des existences.

Lever de la Réalité Absolue, il y a des êtres animés qui n'ont jamais cultivé la moindre racine de vertu, qui n'ont nullement purifié leurs voiles, dont la série psychique n'est pas mûre, qui n'ont point de conviction et n'ont accumulé ni mérites ni sagesse. C'est pour eux que j'ai enseigné ma doctrine en commençant par l'absence d'essence de la production, car à l'audition de cet enseignement, ils comprennent que les facteurs de composition résultant de la coproduction conditionnée sont de nature transitoire et peu fiable ; reconnaissant cette nature changeante, ils éprouvent toujours plus de répugnance et de dégoût pour tous les facteurs de composition. Du fait de cette répugnance et de ce dégoût, ils se détournent des actes non vertueux. Ne commettant plus d'actes non vertueux, ils adhèrent à la vertu. Comme ils adhèrent à la vertu, ils produisent des racines de vertu qu'ils n'avaient pas encore produites. Ils purifient alors complètement les voiles qu'ils n'avaient pas purifiés, et amènent à maturité leur continuum psychique jusqu'alors immature. C'est bien sur cette base et avec force conviction qu'ils accomplissent les accumulations de mérites et de sagesse.

Toutefois, même s'ils cultivent ainsi des racines de vertu jusqu'à accomplir les accumulations de mérites et de sagesse, faute de comprendre telles qu'elles sont l'absence d'essence des caractéristiques et l'absence d'essence de la réalité absolue dans l'absence d'essence de la production, ils n'éprouveront pas de vrai dégoût pour tous les facteurs de composition, ils ne se dégageront pas complètement du désir et de l'attachement et ne s'en libéreront pas entièrement. Ils ne se libéreront pas des passions à l'origine de tout ce qui est souillé, pas plus qu'ils ne se libéreront entièrement des passions issues des actes et des passions liées à toutes leurs naissances.

Voilà donc la raison pour laquelle le Tathâgata a d'abord enseigné la doctrine de l'absence d'essence des caractéristiques et de l'absence d'essence de la réalité absolue : pour qu'ils puissent ainsi avoir dégoût de tous les facteurs de composition, pour qu'ils dépassent le désir et l'attachement, pour qu'ils s'en libèrent totalement, pour qu'ils passent réellement au-delà des passions et de tout ce qui est souillé, qu'ils passent réellement au-delà des passions issues des actes et des passions liées à toutes leurs naissances.

À l'audition de cet enseignement, les êtres n'adhèrent plus fermement aux caractéristiques de la nature purement imaginaire relativement à la nature dépendante ; ils ont désormais la conviction que dans l'absence d'essence de la production, il faut voir l'absence d'essence de la réalité absolue au sein même de l'absence d'essence des caractéristiques. Ils établissent pleinement cette distinction et la comprennent telle quelle, de sorte que leur connaissance n'est plus aucunement influencée par les désignations conventionnelles : c'est une connaissance affranchie de la dépendance des désignations conventionnelles et des passions latentes issues de ces désignations. C'est ainsi qu'ils acquièrent en une seule vie la force de connaître les caractéristiques du dépendant et, dans les vies suivantes, interrompent pour de bon leur continuum mental et parviennent à la cessation. Sur cette base, ils se détournent vraiment de tous les facteurs de composition, s'affranchissent définitivement du désir-attachement et se libèrent. Ce faisant, ils se libèrent des passions, qu'il s'agisse des passions à l'origine de toutes les souillures, des passions issues des actes et des passions liées à toutes leurs naissances.

Lever de la Réalité Absolue, cette pratique et cette voie permettront aux êtres appartenant à la lignée du véhicule des Auditeurs de s'accomplir eux aussi et d'atteindre l'au-delà de la souffrance dont la félicité est insurpassable. C'est encore par cette pratique et cette voie que les êtres appartenant à la lignée des bouddhas-par-soi et à la lignée des tathâgatas s'accompliront et gagneront l'au-delà de la souffrance dont la félicité est insurpassable. Voilà donc, pour les Auditeurs, les bouddhas-par-soi et les bodhisattvas, la seule voie authentique sur laquelle la purification est complète. Il n'en est point d'autre. Cela à l'esprit, j'ai enseigné le véhicule unique[1]. Toutefois, dans le domaine des êtres animés, grande est la variété des lignées spirituelles, certains êtres étant naturellement doués de facultés obtuses, d'autres de facultés moyennes, et d'autres enfin de facultés aiguës.

Lever de la Réalité Absolue, quand bien même tous les bouddhas essaieraient de placer au cœur même de l'Éveil un individu de la lignée des Auditeurs, lequel progresse vers la quiétude pour lui seul, cet individu ne pourrait pas atteindre l'Éveil insurpassable et parfait. Pourquoi ? Parce que sa compassion fort limitée et sa terreur de la souffrance maintiennent tout simplement et naturellement cet individu dans une lignée inférieure. Tant que sa compassion manque de vigueur, il ne peut que se détourner du but d'aider les êtres. Tant qu'il redoute la souffrance, il ne peut que se détourner de toutes les activités impliquant les facteurs de composition. Je n'ai pas enseigné que celui qui se détournait ainsi du but d'aider les êtres animés et de toutes les activités impliquant les facteurs de composition connaissait l'Éveil insurpassable et parfait. De cet individu, j'ai dit qu'il cheminait vers la paix pour lui seul. Par contre, j'ai enseigné que l'Auditeur qui se tournait vers l'Éveil parfait appartenait à la lignée des bodhisattvas. En effet, s'étant libéré du voile des passions et exhorté par les tathâgatas, il libé-

---

1. Le fameux *ekayāna* (tib. *theg pa gcig pu*), le véhicule unique menant à l'insurpassable Éveil authentique et parfait. Dans le *Soûtra du Lotus*, les autres véhicules, le *śrāvakayāna* («véhicule des Auditeurs») et le *pratyekabuddhayāna* («véhicule des Bouddhas-par-soi») sont envisagés comme de simples expédients enseignés à titre provisoire par le Bouddha en attendant de pouvoir enseigner le Grand Véhicule, seul et unique véhicule. Ici, le propos est moins polémique, mais similaire : tous, Auditeurs, pratyekabouddhas et bodhisattvas, doivent suivre ce véhicule unique pour atteindre le véritable Éveil.

rera son esprit du voile cognitif. Ainsi, le Tathâgata le désigne d'abord comme un membre de la lignée des Auditeurs parce qu'il se libère avant toutes choses du voile des passions en s'appliquant à réaliser son propre but.

Lever de la Réalité Absolue, voici ce qu'il en est : mon enseignement sur la discipline a été soigneusement énoncé et exposé dans une très pure intention. En réponse à ce soigneux enseignement de la doctrine, la conviction est née chez les êtres à divers degrés.

Lever de la Réalité Absolue, ayant à l'esprit les trois modalités de l'absence d'essence, les tathâgatas prononcent des discours dont il faut interpréter le sens — des doctrines comme celle-ci : "Tous les phénomènes sont dépourvus d'essence ; sans naissance ni cessation, ils sont apaisés dès l'origine et naturellement au-delà de la souffrance."

Il y a, parmi les êtres, des individus qui ont cultivé des racines de vertu, entièrement purifié leurs voiles, amené leur esprit à maturation et qui, pleins de conviction, ont parachevé les grandes accumulations de mérites et de sagesse. Lorsqu'ils entendent ces enseignements, ils les comprennent exactement dans l'esprit qui était le mien lorsque je les ai exposés. Ils y reconnaissent la doctrine, et la connaissance suprême leur permet d'en réaliser le véritable sens. En se familiarisant avec cette réalisation, ils gagnent très rapidement le but ultime. La foi en eux s'exprime alors : "Vraiment, le Bienheureux est un bouddha parfait et authentique, il s'est pleinement éveillé et nous a parfaitement dévoilé l'ensemble des doctrines !"

Il est parmi les êtres des individus qui n'ont pas cultivé de racines de vertu, qui n'ont pas entièrement purifié leurs voiles et n'ont pas amené leur continuum psychique à pleine maturité. Bien que manquant encore de conviction et n'ayant pas accompli les grandes accumulations de mérites et de sagesse, ils sont cependant droits et de nature honnête — même s'ils n'ont pas la capacité d'argumenter et de réfuter — et ne tiennent pas leur opinion pour suprême. Lorsqu'ils entendent ces enseignements, ils ne les comprennent pas exactement dans l'esprit qui était le mien lorsque je les ai exposés. Cependant, ils adhèrent à ces enseignements, la foi naît en eux et c'est avec conviction qu'ils déclarent : "Ces discours enseignés par le Tathâgata paraissent profonds, vraiment profonds. Ils portent sur la vacuité qu'il est difficile de voir, difficile de réaliser et impossible à analyser, car elle est hors de portée de la sphère du raisonnement. Seuls les sages experts en fines analyses peuvent les comprendre !" Et de la sorte, ils renforcent encore leur conviction. Ils pensent : "Nous ne comprenons pas l'enseignement ultime de ces catégories de discours", et songent encore : "Profond est l'Éveil du Bouddha, profonde également est la réalité absolue des phénomènes. Seuls les tathâgatas en ont la connaissance, nous ne l'avons pas. L'enseignement de la doctrine des tathâgatas touche les êtres en fonction de leurs degrés de conviction. Infinies sont la connaissance et la vision des tathâgatas, alors que les nôtres sont tout juste comparables à l'empreinte du sabot d'un bœuf." Avec respect pour ces discours, ils en recopient la lettre. Puis, les ayant couchés par écrit, ils les mémorisent, les lisent, les propagent, les honorent d'offrandes, en reçoivent la transmission orale, les récitent à haute voix et les psalmodient. Or, du fait qu'ils n'en ont pas compris l'explication profonde fidèle à mon intention, ils restent incapables de l'appliquer à leur méditation. Ils progressent sur cette base en accumulant des mérites mais aussi de la sagesse et, graduellement, ils amènent à pleine maturité leur continuum psychique jusqu'alors immature.

Il en est aussi, parmi les êtres, qui n'ont pas parachevé les grandes accumulations de mérites et de sagesse, qui ne sont ni droits ni de nature honnête et qui, capables d'argumenter et de réfuter, tiennent fermement leur opinion pour suprême. Lorsqu'ils entendent ces enseignements, ils n'en comprennent pas l'explication profonde conforme à mon intention. Ils ont foi dans ces enseignements mais déclarent : "Tous ces phéno-mènes sont vraiment dépourvus d'essence ; ils sont vraiment sans naissance et sans cessation ; ils sont vraiment apaisés dès l'origine et naturellement au-delà de la souffrance", adhérant ainsi au sens littéral des mots plutôt qu'au sens de la doctrine. Sur cette base, ils acquièrent une vue qui est celle de l'inexistence de tous les phénomènes et de l'absence de caractéristiques[1]. Sujets à cette vue de l'inexistence des phénomènes et de leurs caractéristiques, ils tiennent toutes choses existantes pour inexistantes en niant toutes leurs caractéristiques. Lorsqu'ils tiennent les caractéristiques purement imaginaires des phénomènes pour inexistantes, ils nient aussi les caractéristiques du dépendant et celles du parfaitement établi. Pourquoi cela ?

Lever de la Réalité Absolue, si l'on admet les caractéristiques du dépendant et du parfaitement établi, on comprendra aussi ce qu'est la caractéristique purement imaginaire. Or ceux qui voient dans la caractéristique du dépendant et dans la caractéristique du parfaitement établi une pure et simple absence de caractéristiques nieront également la caractéristique du purement imaginaire. Il en résultera qu'ils refuseront toute existence aux trois modes de caractéristiques. Ce que croyant, ils admettent que mon enseignement est la juste doctrine, mais le sens qu'ils lui prêtent ne s'y trouve pas. Ils identifient bien l'enseignement comme une doctrine mais y trouvent un sens qui en est absent. Ceux-là ont foi dans la doctrine et progressent grâce aux vertus qui découlent de la foi. Mais ils s'attachent à un faux-sens, ce qui ternit fortement leur connaissance. Et quand la connaissance supérieure se trouve ainsi diminuée, l'immensité et l'incommensurabilité des vertus le sont aussi.

---

1. Le texte dénonce ici l'interprétation nihiliste de l'enseignement du Bouddha. Mais plus subtilement, il s'agit, semble-t-il, d'une mise en garde contre les thèses vacuistes du *Mādhyamika*, jugées trop absolutistes et pouvant tendre vers le nihilisme. Encore une fois, le *Sandhinirmocana* ne dénonce non pas la vacuité elle-même mais le danger d'une interprétation trop radicale de cette vacuité qui aboutirait au nihilisme, phobie de tout philosophe bouddhiste.

Il en est d'autres qui, ayant entendu de ces derniers que mon enseignement est la juste doctrine et que son sens réside dans ce faux-sens, se complaisent dans cette vue. Ils ont certes la notion que cet enseignement est la doctrine, mais comme ils y trouvent un sens qui en est absent, ils s'attachent fermement à cette doctrine comme à la juste doctrine et à ce faux-sens. Sache que sur cette base ils corrompent les phénomènes vertueux[1].

Quant à ceux qui ne se complaisent pas dans cette vue, lorsqu'ils entendent des précédents que les phénomènes sont dépourvus d'essence, qu'ils sont sans naissance ni cessation, apaisés dès l'origine et naturellement au-delà de la souffrance, ils prennent peur et, saisis de crainte et de terreur, ils déclarent que ces discours ne sont pas la parole du Bouddha mais celle du Malin. Ils nient alors la véracité de ces discours, les rejettent, les condamnent et les dénigrent. S'ils agissent ainsi, grande sera leur infortune et sur eux s'abattront les sombres voiles du *karma*. Par ailleurs, ils tromperont des foules d'êtres, que recouvriront aussi les sombres voiles du *karma*. Voilà pourquoi je dis de ceux qui professent la vue de l'inexistence de toutes les caractéristiques et enseignent des choses insensées que les sombres voiles du *karma* les accablent.

Lever de la Réalité Absolue, il est des êtres animés qui n'ont pas entièrement purifié leurs voiles, qui n'ont pas amené leur continuum psychique à maturité, qui n'ont guère de conviction et n'ont pas accompli les grandes accumulations de mérites et de sagesse. Ni droits ni de nature honnête, capables d'argumenter et de réfuter, ils tiennent fermement leur opinion pour suprême. Lorsqu'ils entendent ces enseignements, ils n'en comprennent pas l'explication profonde conforme à mon intention. Ces enseignements ne leur inspirent aucune

---

1. Ceux-là semblent être des nihilistes peu subtils qui ont précisément pris à la lettre la vacuité dont parlent les textes des *Prajñāpāramitasūtra* et les philosophes du *Mādhyamika*. Du fait de leur mauvaise compréhension du «tout est vacuité», ils abandonnent toute éthique, et corrompent ainsi les phénomènes vertueux.

confiance, ils considèrent qu'ils ne sont pas conformes à la juste doctrine et leur trouvent des significations qu'ils n'ont point. Convaincus que ces enseignements ne sont pas la doctrine, et leur trouvant un sens inexistant, ils déclarent : "Ces discours ne sont pas les paroles du Bouddha mais celles du Malin!" Raisonnant ainsi, ils nient la véracité de ces discours, les rejettent, les condamnent, les dénigrent et en interpolent le sens. De bien des façons ils rejettent ces discours, les déprécient, cherchent à les éradiquer, et ils considèrent ceux qui ont foi en eux comme des ennemis. Dès le départ obscurcis par les voiles du *karma*, ils continuent de se couvrir des mêmes voiles. Or, s'il est facile de décrire l'origine des voiles du *karma*, il est difficile de dire pendant combien de myriades d'ères cosmiques ils continueront de se manifester[1]!

Ainsi donc, Lever de la Réalité Absolue, la conviction est née chez les êtres à divers degrés en réponse à mon enseignement sur la discipline, lequel a été soigneusement énoncé et exposé dans une très pure intention.»

Alors le Bienheureux énonça ces stances :

«Les phénomènes sont dépourvus d'essence; sans naissance
Ni cessation, ils sont apaisés dès l'origine,
Et naturellement au-delà de la souffrance :
Quel est donc le sage qui pourrait déclarer cela sans aucune
   intention cachée?

Les caractéristiques sont dépourvues d'essence, la production est dépourvue d'essence,
La vacuité absolue est dépourvu d'essence : voilà ce que j'ai
   expliqué.

---

1. Ces deux dernières catégories d'êtres semblent désigner certains tenants du bouddhisme ancien qui rejettent la vacuité universelle et la dénoncent. Ce sont peut-être, entre autres, des Sarvâstivâdin ou «pan-réalistes» polémistes qui sont visés ici, en tout cas, des bouddhistes qui rejettent le Grand Véhicule.

Le sage qui comprend mon intention cachée
N'empruntera plus jamais les chemins de la décadence.

C'est l'unique voie de la pureté,
La seule purification parfaite : il n'en est pas d'autre.
Je l'ai donc dénommée Véhicule Unique,
Même s'il existe une grande diversité de lignées spirituelles
     parmi les êtres.

Dans les domaines des êtres animés, innombrables sont ceux
Qui recherchent l'au-delà de la souffrance pour eux-
     mêmes.
Très rares sont ceux qui, résolus et compatissants,
Atteignent l'au-delà de la souffrance sans abandonner les
     êtres.

La dimension immaculée où demeurent ceux qui se sont
     libérés
Est subtile, inconcevable, égale, indifférenciée.
Elle est l'accomplissement de tous les buts, la fin de la souf-
     france et des passions,
Inexprimable en termes dualistes, elle est félicité et péren-
     nité.»

Le bodhisattva Lever de la Réalité Absolue dit alors au
Bienheureux :

«Il est bien vrai, Bienheureux, que les paroles intentionnelles
des bienheureux bouddhas sont subtiles, suprêmement subtiles,
profondes, suprêmement profondes, difficiles à réaliser, suprêmement difficiles à réaliser! Quelle merveille, quel prodige!
     Voici, Bienheureux, comment je comprends le sens des
paroles du Bienheureux : d'une part toute attribution nominale ou symbolique – sphère d'activité des constructions
mentales, base de la caractéristique purement imaginaire et

marque des facteurs de composition – d'une caractéristique essentielle ou particulière à l'agrégat des formes, et d'autre part toute attribution nominale ou symbolique d'une caractéristique essentielle ou particulière à la production de l'agrégat des formes, à sa cessation, à l'abandon de l'agrégat des formes et à sa parfaite compréhension : tout cela en constitue le caractère purement imaginaire. Et c'est à ce propos que le Bienheureux a parlé de l'absence d'essence des caractéristiques des phénomènes.

Tout ce qui est objet des constructions mentales – base de la caractéristique purement imaginaire et marque des facteurs de composition – constitue la caractéristique du dépendant. À ce propos, le Bienheureux a parlé de l'absence d'essence de la production mais aussi de l'un des deux aspects de l'absence d'essence de la réalité absolue.

Bienheureux, voici comme je comprends le sens des paroles du Bienheureux : tout ce qui constitue la sphère d'activité des constructions mentales – base de la caractéristique purement imaginaire et marque des facteurs de composition – étant dépourvu d'essence, n'est pas parfaitement établi en qualité de caractère purement imaginaire. De ce fait même, l'absence d'essence – l'insubstantialité des phénomènes, l'ainsité, l'objet pur – est la caractéristique parfaitement établie. C'est à ce propos que le Bienheureux a parlé de l'autre aspect de l'absence d'essence de la réalité absolue des phénomènes.

De même qu'à l'agrégat des formes, on devrait appliquer ce raisonnement aux autres agrégats. Et de même qu'on l'applique aux agrégats, on l'appliquera à chacune des douze sources des sens. La même chose pour chacun des douze facteurs de la coproduction conditionnée. La même chose encore pour chacun des quatre aliments. La même chose enfin pour chacun des six et des dix-huit éléments.

Bienheureux, voici comme je comprends le sens des paroles du Bienheureux : toute attribution nominale ou symbolique – sphère d'activité des constructions mentales, base de la caractéristique purement imaginaire et marque des facteurs de composition – d'une caractéristique essentielle ou particulière à la vérité de la souffrance et à la récognition de la vérité de la souffrance, tout cela constitue le caractère purement imaginaire. Et c'est en fonction de cela que le Bienheureux a enseigné l'absence d'essence des caractéristiques des phénomènes.

Tout ce qui est sphère d'activité des constructions mentales, base de la caractéristique purement imaginaire et marque des facteurs de composition, constitue la caractéristique du dépendant. C'est en fonction de cela que le Bienheureux a enseigné l'absence d'essence de la production des phénomènes et l'un des deux aspects de l'absence d'essence de la réalité absolue.

Bienheureux, voici comment je comprends le sens des paroles du Bienheureux : rien de ce qui constitue la sphère d'activité des constructions mentales, base de la caractéristique purement imaginaire et marque des facteurs de composition, n'est parfaitement établi en tant que caractère purement imaginaire. De par cette absence d'essence même, l'insubstantialité des phénomènes, l'ainsité, l'objet pur, est la caractéristique parfaitement établie. À ce propos, le Bienheureux a parlé de l'autre aspect de l'essence de la réalité absolue des phénomènes.

De même qu'à la vérité de la souffrance, on devrait appliquer ce raisonnement aux autres vérités. Et de même qu'on l'applique aux vérités, on l'appliquera aux fixations de l'attention, aux abandons parfaits, aux fondements des pouvoirs miraculeux, aux pouvoirs, aux forces, aux membres de l'Éveil et aux éléments du sentier des êtres sublimes.

Bienheureux, voici comme je comprends le sens des paroles du Bienheureux : toute attribution nominale ou symbolique – sphère d'activité des constructions mentales, base de la caractéristique purement imaginaire et marque des facteurs de composition – d'une caractéristique essentielle ou particulière au "pur recueillement méditatif", aux "obstacles au recueillement et à leurs antidotes", à "la production de ce qui n'a pas encore été produit", à la "stabilisation de ce qui a été produit", à son "non-oubli", à sa "reproduction", à sa "croissance" et à son "développement", tout cela en constitue le caractère purement imaginaire. Et c'est en fonction de cela que le Bienheureux a parlé de l'absence d'essence des caractéristiques des phénomènes.

Tout ce qui est objet des constructions mentales, base de la caractéristique purement imaginaire et marque des facteurs de composition, constitue la caractéristique du dépendant. C'est en fonction de cela que le Bienheureux a enseigné l'absence d'essence de la production des phénomènes et le premier aspect de l'absence d'essence de la réalité absolue.

Bienheureux, voici comme je comprends le sens des paroles du Bienheureux : rien de ce qui constitue la sphère d'activité des constructions mentales, base de la caractéristique purement imaginaire et marque des facteurs de composition, n'est parfaitement établi en tant que caractère purement imaginaire. De par cette absence d'essence même, l'insubstantialité des phénomènes, l'ainsité, l'objet pur, est la caractéristique parfaitement établie. À ce propos, le Bienheureux a enseigné le second aspect de l'absence d'essence de la réalité absolue des phénomènes.

Bienheureux, il en est comme du gingembre sec que l'on ajoute à une poudre médicamenteuse ou à un élixir. De même, enseignant d'abord que les phénomènes n'ont pas d'essence, que, sans naissance ni cessation, ils sont apaisés dès l'origine et naturellement au-delà de la souffrance, le Bienheureux a instillé des enseignements de sens définitif au sein de tous les discours de sens provisoire.

Bienheureux, il en est comme du fond d'une peinture. Bleu, jaune, rouge ou blanc, il reste de la même teneur dans l'ensemble de la peinture et en souligne les détails. De même, les enseignements de sens définitif du Bienheureux, depuis l'absence d'essence des phénomènes jusqu'au fait qu'ils se trouvent naturellement au-delà de la souffrance, ont une seule et même saveur dans l'ensemble des discours de sens provisoire tout en y soulignant ce qu'ils contiennent de provisoire.

Bienheureux, il en est aussi comme du beurre clarifié que l'on ajoute à toutes sortes de mets cuisinés, viandes ou graines grillées, très agréable au goût. De même, quand les enseignements de sens définitif du Bienheureux, depuis l'absence d'essence des phénomènes jusqu'au fait qu'ils se trouvent naturellement au-delà de la souffrance, viennent s'ajouter à tous les discours de sens provisoire, c'est extrêmement satisfaisant!

Bienheureux, il en est encore comme de l'espace qui partout répand la même saveur et qui n'entrave aucune activité. De même, les enseignements de sens définitif du Bienheureux, depuis l'absence d'essence des phénomènes jusqu'au fait qu'ils se trouvent naturellement au-delà de la souffrance, répandent la même saveur dans l'ensemble des discours de sens provisoire sans entraver les activités propres au véhicule des Auditeurs, au véhicule des Bouddhas-par-soi et au Grand Véhicule.»

Le Bienheureux répondit au bodhisattva :

«Excellent! Lever de la Réalité Absolue, c'est excellent, vraiment excellent! Lever de la Réalité Absolue, tu as compris cette explication selon l'intention du Tathâgata. Il en est bien ainsi. De même, tes exemples du gingembre sec, du fond de la peinture, du beurre et de l'espace conviennent parfaitement, Lever de la Réalité Absolue. C'est bien ainsi et non autrement qu'il faut considérer les enseignements.»

Le bodhisattva Lever de la Réalité Absolue dit alors au Bienheureux :

«Initialement, au Parc des Gazelles, non loin de Bénarès, le Bienheureux enseigna les Quatre Nobles Vérités à ceux qui étaient entrés dans le premier véhicule, et cette roue de la doctrine était merveilleuse. Avant cela, personne parmi les dieux et les hommes n'avait dans ce monde fait tourner la roue de pareil enseignement. Pourtant, ce premier tour de roue de la doctrine du Bienheureux était sujet au dépassement, provisoire, de sens interprétable et sujet à controverse. Alors, en enseignant l'absence d'essence des phénomènes, leur absence de naissance et de cessation, leur apaisement dès l'origine et le fait qu'ils se trouvent naturellement au-delà de la souffrance, le Bienheureux proclama la vacuité pour ceux qui étaient réellement entrés dans le Grand Véhicule, et cette seconde mise en mouvement de la seconde roue de la doctrine était encore plus merveilleuse que la première. Toutefois, ce tour de roue de la doctrine du Bienheureux était encore sujet au dépassement, provisoire, de sens interprétable et sujet à controverse. Enfin, en enseignant l'absence d'essence des phénomènes, leur absence de naissance et de cessation, leur apaisement dès l'origine et le fait qu'ils se trouvent naturellement au-delà de la souffrance, le Bienheureux donna un troisième tour de roue parfaitement explicite et très merveilleux à l'intention de tous ceux qui sont réellement engagés dans tous les véhicules. Ce [dernier] tour de roue de la doctrine du Bienheureux était, cette fois, insurpassable, définitif, de sens certain et non sujet à controverse[1].

Bienheureux, s'il est des fils et des filles de noble famille qui, en entendant cet enseignement de sens définitif du Bienheureux sur l'absence d'essence des phénomènes, leur absence de naissance et de cessation, leur apaisement dès l'origine et le fait qu'ils se trouvent naturellement au-delà de la souffrance, ont foi en cet enseignement, en recopient la lettre puis, l'ayant couché par écrit, le mémorisent, le lisent, l'honorent d'offrandes, le propagent, le transmettent oralement, le récitent à haute voix, y réfléchissent et l'appliquent soigneusement à leur méditation, quelle quantité de mérites produisent-ils?»

Le Bienheureux répondit au bodhisattva Lever de la Réalité Absolue :

«Lever de la Réalité Absolue, ces fils et ces filles de noble famille produiront des mérites innombrables et illimités. La

---

1. Le troisième tour de roue, qui comprend les *sūtra* traitant du «Rien qu'esprit» et de la nature de bouddha, serait donc définitif, en ce sens qu'il rétablirait l'équilibre entre le premier tour de roue à penchant réaliste et le second jugé trop vacuiste.

chose n'est pas facile à exprimer à l'aide d'exemples mais je vais te l'expliquer en bref.

Lever de la Réalité Absolue, il en va comme d'une particule de terre collée sur l'ongle : comparée aux particules de la terre entière, elle n'en approche pas la centième partie, ni la millième, ni la cent millième. Elle ne souffre aucune comparaison en termes de nombre, de catégories, de décompte, d'exemples et d'approximations. Si l'on comparait l'eau contenue dans l'empreinte du sabot d'un bœuf à l'eau des quatre océans, elle n'en approcherait pas non plus la centième partie et ne pourrait faire l'objet d'aucune comparaison probante, même très approximative.

De même en est-il, Lever de la Réalité Absolue, lorsque j'explique les mérites accumulés par ceux qui ont confiance dans les discours de sens provisoire au point de les appliquer à leur méditation. Mais si je les compare aux mérites accumulés par ceux qui ont confiance dans les discours de sens définitif au point de les appliquer à leur méditation, ils n'en approchent pas la centième partie, ne pouvant faire l'objet d'aucune comparaison probante, même très approximative.»

Le bodhisattva Lever de la Réalité Absolue demanda encore au Bienheureux :

«Bienheureux, quel est le nom de cet enseignement qui, sous de multiples aspects, révèle la véritable intention du Bienheureux? Sous quel titre le retiendra-t-on?»

Le Bienheureux répondit :

«Lever de la Réalité Absolue, il s'agit d'un enseignement de sens définitif sur la réalité absolue. Retiens-le donc sous le titre d'"Enseignement de sens définitif sur la réalité absolue".

Au cours de l'explication de cet enseignement de sens définitif sur la réalité absolue, six cent mille êtres engendrèrent l'esprit de l'insurpassable Éveil authentique et parfait; trois cent mille Auditeurs purifièrent leur œil de la doctrine, le nettoyant de toute poussière et de toute souillure; cent cinquante mille Auditeurs libérèrent complètement leur esprit des facteurs polluants, se dégageant de toute saisie ; et soixante-quinze mille bodhisattvas atteignirent la patience à l'égard du néant de la naissance.

Ici s'achève le septième chapitre, suscité par Lever de la Réalité Absolue.

Chapitre VIII

Le bodhisattva Maitreya demanda alors au Bienheureux .

«Bienheureux, où donc s'établissent les bodhisattvas qui cultivent les méditations de quiétude et de vision éminente selon le Grand Véhicule, et quel est leur point d'appui?»

Le Bienheureux répondit :

«Maitreya, ils s'établissent dans une aspiration inébranlable à l'insurpassable Éveil authentique et parfait et ce point d'appui leur permet d'exposer la doctrine et d'y demeurer fermement.

– Le Bienheureux enseigne que la quiétude et la vision éminente ont quatre objets : les images accompagnées de constructions mentales, les images dépourvues de constructions mentales, les limites des phénomènes substantiels et l'accomplissement du but. Bienheureux, combien de ces objets sont réservés à la quiétude?

– Un seul : les images dépourvues de constructions mentales.

– Combien sont les objets réservés à la vision éminente?

– Un seul : les images accompagnées de constructions mentales.

– Combien sont les objets communs aux deux pratiques?

— Deux : les limites des phénomènes substantiels et l'accomplissement du but.

— Bienheureux, comment les bodhisattvas qui prennent appui et se fixent sur ces quatre objets de la quiétude et de la vision éminente cherchent-ils la quiétude et comment deviennent-ils experts en vision éminente ?

— Maitreya, ainsi ai-je établi l'énoncé de la doctrine aux bodhisattvas : sous forme de discours, de chants en vers et en prose, de prophéties, de stances versifiées, de déclarations doctrinales, de narrations, de récits allégoriques, de vies antérieures de mes disciples, de récits de mes vies antérieures, de discours très développés, d'enseignements merveilleux et d'instructions définitives[1]. J'expose tous ces enseignements aux bodhisattvas, et les bodhisattvas les écoutent attentivement, en retiennent le contenu, les récitent à haute voix, prennent soin de les examiner intellectuellement et, du fait de leur vision, ils en comprennent parfaitement le sens. Ils se retirent alors dans la solitude d'un ermitage, rentrent en eux-mêmes et portent toute leur attention sur ces doctrines, de la même manière qu'ils y avaient soigneusement réfléchi auparavant. L'esprit attentif, ils leur portent ainsi une attention intériorisée et ininterrompue. Demeurant de la sorte fixés sur ces enseignements de manière répétée, ils finiront par connaître la souplesse physique et la souplesse mentale qui portent le nom de quiétude[2]. C'est ainsi que les bodhisattvas cherchent à s'établir dans la quiétude.

Ayant atteint la souplesse physique et mentale, ils s'y maintiennent. Ils renoncent à certains aspects de l'esprit[3] puis

---

1. Il s'agit des douze catégories d'enseignements du Bouddha (sk. *dvādaśadharmapravacana*, tib. *gsung rab yan lag bcu gnyis*).
2. *Śamatha* (tib. *zhi gnas*), la méditation de quiétude, est précisément accomplie lorsque le méditant parvient à maîtriser ces deux types de souplesse (sk. *praśrabdhi*, tib. *shin sbyangs*). Elles sont le signe qui indique l'entrée effective dans le *samādhi* ou concentration unifiée.
3. C'est-à-dire aux images sans constructions mentales utilisées dans *śamatha*.

discernent dans ces doctrines auxquelles ils avaient soigneusement réfléchi auparavant des images qui deviennent des objets de recueillement auxquels ils se tiennent. C'est ainsi qu'ils recherchent minutieusement dans ces images objets de recueillement le sens des connaissables, qu'ils le distinguent pleinement, le considèrent dans son entièreté, l'analysent avec patience et intérêt, en distinguent les différents aspects, le contemplent et le comprennent : ce que l'on nomme "vision éminente". Et c'est ainsi que les bodhisattvas deviennent experts dans la vision éminente.

– Bienheureux, quand les bodhisattvas tournent intérieurement leur attention sur l'esprit qui observe l'esprit sans avoir atteint la souplesse physique et mentale, comment appelle-t-on cette attention?

– Maitreya, il ne s'agit pas là de la quiétude proprement dite. Je parlerais plutôt d'un état concomitant à une aspiration équivalente à la quiétude.

– Bienheureux, quand les bodhisattvas qui n'ont pas encore atteint la souplesse physique et mentale tournent leur attention sur ces doctrines auxquelles ils ont auparavant soigneusement réfléchi en les considérant comme des images objets de recueillement, comment appelle-t-on cette attention?

– Maitreya, il ne s'agit pas là de la vision éminente proprement dite mais d'un état concomitant à une aspiration équivalente à la vision éminente.

– Bienheureux, la voie de la quiétude et la voie de la vision éminente sont-elles différentes ou identiques?

– Maitreya, elles ne sont ni différentes ni identiques. Pourquoi ne sont-elles pas différentes? Parce que la quiétude a pour objet l'esprit, lequel est aussi l'objet de la vision éminente. Pourquoi ne sont-elles pas identiques? Parce que la vision éminente a pour objet des images accompagnées de constructions mentales.

– Bienheureux, quelles sont les images qui tiennent lieu d'objets au recueillement qui voit les phénomènes sous tous leurs aspects ? Sont-elles différentes de l'esprit ou bien lui sont-elles indifférenciées ?

— Maitreya, elles ne sont pas différentes de l'esprit. Pourquoi ne le sont-elles pas ? Parce que ces images ne sont que de simples actes de cognition. Maitreya, j'ai expliqué que la conscience pouvait se définir comme la simple cognition de son objet.

— Mais, Bienheureux, si l'image, qui est l'objet du recueillement, ne diffère pas de la pensée d'une forme, comment l'esprit s'examine-t-il lui-même ?

— Maitreya, même si aucun phénomène ne peut en examiner un autre, la pensée ainsi produite apparaît comme si cela était possible. Maitreya, considère bien cet exemple : soit une forme donnée que l'on voit apparaître dans un clair miroir en pensant que l'on voit une image. La forme et l'apparence de son reflet se manifestent comme deux choses différentes. De même en est-il pour la pensée ainsi produite et pour l'objet du recueillement appelé "image" ou "reflet" : ils nous apparaissent comme des objets différents.

— Bienheureux, peut-on dire que la forme des êtres animés et les autres apparences, lesquelles sont des images mentales, ne sont pas différentes de l'esprit ?

— Maitreya, elles n'en sont pas différentes. Mais comme les êtres puérils dont l'intelligence est distordue ne savent pas que ces images, telles quelles, ne sont rien que cognition, leur esprit s'en trouve plus distordu encore.

— Bienheureux, dans quelle mesure les bodhisattvas pratiquent-ils uniquement la méditation de la vision éminente ?

— Lorsque, animés d'une attention continue, ils examinent les caractéristiques essentielles de l'esprit.

— Dans quelle mesure cultivent-ils uniquement la quiétude ?

— Lorsque, animés d'une attention continue, ils portent intérêt à l'esprit qui jamais ne s'interrompt.

— Dans quelle mesure, ayant combiné la quiétude et la vision éminente, les unissent-ils à égalité ?

– Lorsqu'ils portent leur attention sur l'esprit focalisé.

– Bienheureux, quels sont les signes mentaux ?

– Maitreya, ce sont les objets de la vision éminente et du recueillement, des images accompagnées de constructions mentales.

– Qu'est-ce qu'un esprit ininterrompu ?

– Maitreya, c'est l'esprit tourné vers l'image qui est l'objet de la quiétude.

– Qu'est-ce qu'un esprit focalisé en un seul point ?

– La réalisation de ce que l'image objet du recueillement est simple cognition sans plus. De par cette réalisation, l'esprit porte toute l'attention sur l'ainsité.

– Bienheureux, combien y a-t-il de visions éminentes ?

– Il y en a trois, Maitreya : la vision éminente issue des marques ; la vision éminente issue de l'enquête approfondie ; et la vision éminente issue du discernement. Qu'est-ce que la vision éminente issue des marques ? La vision éminente où l'attention se porte uniquement sur une image accompagnée de constructions mentales en tant qu'objet de recueillement. Qu'est-ce que la vision éminente issue de l'enquête approfondie ? La vision éminente qui vise à la réalisation totale et parfaite, et où l'on porte toute son attention sur l'objet pour réaliser grâce à la connaissance supérieure la nature véritable de ces phénomènes qui jusqu'alors n'avaient pas été parfaitement et entièrement compris eu égard à leur image. Qu'est-ce que la vision éminente issue du discernement ? La vision éminente qui vise au bonheur total et parfait, où l'on porte toute son attention sur la libération de ces phénomènes dont la connaissance supérieure a déjà apporté la réalisation complète.

– Combien y a-t-il de quiétudes ?

– Je dirais qu'il y en a trois, la quiétude impliquant un esprit ininterrompu[1]. Maitreya, la quiétude présente encore huit

---

1. Il s'agit de trois types de quiétudes équivalentes aux trois types de visions éminentes énumérées plus haut : quiétude issue des marques ; quiétude éminente

degrés : la première concentration ; la seconde ; la troisième et la quatrième concentrations ; puis l'absorption de la sphère de l'espace infini ; de la sphère de la conscience infinie ; du néant ; et de la sphère où il n'y a ni représentations mentales ni absence de celles-ci – soit quatre également. On peut encore compter la quiétude de la bienveillance illimitée ; de la compassion ; de la joie sympathique et de l'impartialité illimitée.

– Bienheureux, on parle de quiétude et de vision éminente reposant sur la Doctrine et de quiétude et de vision éminente ne reposant pas sur la Doctrine : de quoi s'agit-il ?

– Maitreya, toute méditation de quiétude et de vision éminente qui s'appuie sur un sens conforme aux caractères de la Doctrine ici mémorisée et contemplée repose sur la Doctrine. Toute méditation de quiétude et de vision éminente dont le sens repose sur des conseils oraux et d'autres enseignements qui ne prennent pas en considération la Doctrine ici mémorisée et contemplée ne repose pas sur la Doctrine. Telles sont les méditations de quiétude et de vision supérieure portant sur la dégradation et la putréfaction du corps, sur l'impermanence des composants, sur la souffrance, sur l'insubstantialité de tous les phénomènes et sur la paix de l'au-delà de la souffrance[1]. Sache que ces méditations ne reposent pas sur la Doctrine[2]. Maitreya, des bodhisattvas qui suivent la Doctrine en pratiquant la quiétude et la vision éminente qui reposent sur la Doctrine, je déclare que ce sont des êtres aux facultés aiguës. Quant à ceux qui suivent avec foi [la Doctrine] en

issue de l'enquête approfondie ; et quiétude issue du discernement, toutes impliquant un esprit concentré de manière ininterrompue.

1. Ces méditations sur les quatre sceaux des préceptes (sk. *caturlakṣaṇa*, tib. *bka' rtags kyi phyag rgya bzhi*) sont pourtant purement bouddhiques, mais elles semblent ici dévalorisées si on ne les envisage que sous l'angle du « Petit Véhicule ». Il ne faudrait cependant pas s'imaginer qu'elles sont d'importance négligeable, car même pour l'enseignement du Mahāyāna et du Vajrayāna, elles constituent un préliminaire incontournable. En outre, les quatre sceaux peuvent être l'objet d'interprétations variées selon le véhicule dans lequel on les considère.

2. Ici, la doctrine du Mahāyāna.

pratiquant des méditations qui ne reposent pas sur la Doctrine, je déclare que ce sont des êtres aux facultés obtuses.

– Bienheureux, il est parfois question de quiétude et de vision éminente portant sur une Doctrine non intégrée et de ces mêmes pratiques portant sur une Doctrine intégrée : qu'entend-on par "portant sur une Doctrine non intégrée» et «portant sur une Doctrine intégrée"?

– Maitreya, quand le bodhisattva s'applique à méditer selon la quiétude ou la vision éminente en prenant pour objet un enseignement particulier dans l'ensemble des discours extraits de la Doctrine ici mémorisée et contemplée, il s'agit d'une quiétude ou d'une vision éminente ayant pour objet une doctrine non intégrée. Quand au contraire il retient l'essence de tous ces enseignements extraits des discours, quand il les condense en un enseignement unique, les ramène à l'unité, les regroupe en un seul ensemble et se dit : "Tous ces enseignements participent de l'ainsité, découlent de l'ainsité, s'écoulent dans l'ainsité ; ils participent tous de l'Éveil, découlent de l'Éveil, s'écoulent dans l'Éveil ; ils participent tous de l'au-delà de la souffrance, découlent de l'au-delà de la souffrance, s'écoulent dans l'au-delà de la souffrance ; ils participent tous de la révolution du support[1], découlent de la révolution du support, s'écoulent dans la révolution du support. Tous ces enseignements sont l'expression même de doctrines vertueuses incommensurables et innombrables", il s'agit d'une quiétude ou d'une vision éminente ayant pour objet une doctrine intégrée.

---

1. Tib. *gnas 'gyur*, sk. *āśrayaparāvṛtti* : quand la conscience fondamentale ou *ālaya-vijñāna* est purgée de toute trace karmique défavorable, il y a « révolution du support » car la conscience change de nature : elle n'est plus le support ni le réservoir des semences karmiques, mais devient une conscience immaculée non-duelle qui est la sagesse primordiale d'un être éveillé. De fait, toutes les consciences vont subir cette révolution, et les cinq sagesses d'un bouddha émergeront progressivement de leur transformation. Ce processus, qui commence à la huitième terre et s'achève avec le recueillement semblable au diamant ou *vajropamasamādhi*, débouche sur l'insurpassable Éveil authentique et parfait.

— Bienheureux, la quiétude et la vision éminente peuvent avoir pour objet une doctrine "faiblement intégrée", une doctrine "grandement intégrée" et une doctrine "intégrée par-delà toute mesure". Qu'entend-on par "ayant pour objet une doctrine faiblement intégrée"? Qu'entend-on par "ayant pour objet une doctrine grandement intégrée"? Qu'entend-on par "ayant pour objet une doctrine intégrée par-delà toute mesure"?

— Maitreya, sache que la méditation de quiétude ou de vision éminente où l'on porte son attention sur des catégories d'enseignements extraites des discours très développés, des enseignements merveilleux et des instructions spécifiques pour les réunir en un seul enseignement, a pour objet une doctrine faiblement intégrée. Sache que la méditation où l'on porte son attention sur des discours qui, tous autant qu'ils sont, ont été appris et contemplés avant d'être réunis en un seul enseignement, a pour objet une doctrine grandement intégrée. Sache enfin que la méditation où l'on porte son attention sur les innombrables doctrines enseignées par les tathâgatas, sur les innombrables mots et lettres de la Doctrine, sur une connaissance supérieure et une inspiration toujours croissante pour tous les réunir en une seule doctrine, est une méditation qui a pour objet une doctrine intégrée par-delà toute mesure.

— Bienheureux, quand peut-on dire que les bodhisattvas atteignent une quiétude et une vision éminente ayant pour objet une doctrine intégrée par-delà toute mesure?

— Sache, Maitreya, qu'ils peuvent les atteindre à partir des cinq causes que voici : à chaque instant où ils exercent leur attention, ils détruisent tous les supports des pesanteurs. Avec l'abandon des facteurs de composition dans toute leur diversité, ils atteignent l'allégresse dans la joie universelle de la Doctrine. Ils reconnaissent alors sans erreur que les apparences phénoménales sont illimitées dans les dix directions, et qu'elles se manifestent sous tous les aspects sans jamais s'interrompre. Une fois qu'ils sont riches de l'accomplissement du but, apparaissent en eux des marques non imaginaires équivalant à la pureté absolue. Et pour atteindre, parachever et parfaitement accomplir le corps absolu, à partir des causes précédentes, ils croissent en bonté jusqu'à conquérir le bien le plus authentique.

– Bienheureux, à quel stade la quiétude et la vision éminente qui ont pour objet la Doctrine intégrée sont-elles réalisées et à quel autre stade sait-on qu'elles sont atteintes?

– Sache, Maitreya, que c'est sur la première terre, "Joie Suprême", qu'elles sont réalisées, et sur la troisième terre, "Radieuse", qu'elles sont effectivement atteintes. Néanmoins, Maitreya, les bodhisattvas débutants ne devraient pas négliger de s'y s'exercer aussi.

– Bienheureux, comment la quiétude et la vision éminente se transforment-elles en recueillement d'enquête et d'analyse[1]? Comment deviennent-elles seulement analytiques, sans plus d'enquête? Comment se dégagent-elles tant de l'enquête que de l'analyse?

– Maitreya, il en est ainsi : toute quiétude ou vision éminente qui analyse l'expérience des signes évidents et grossiers des phénomènes tels qu'ils sont appréhendés et examinés est un recueillement d'enquête et d'analyse. Toute quiétude ou vision éminente qui n'analyse pas l'expérience des signes évidents et grossiers desdits phénomènes, mais qui use cependant d'analyse pour faire l'expérience subtile du simple souvenir de leur apparence générale, est un recueillement analytique exempt d'enquête. Toute quiétude ou vision éminente qui discerne tout parfaitement lorsqu'elle prête attention à l'expérience globale et spontanée des phénomènes avec leurs signes est un recueillement dépourvu d'enquête et d'analyse. En

---

1. Les termes *vitarka* (tib. *rtog pa*) et *vicāra* (tib. *dpyod pa*) ont été rendus respectivement par «enquête» et «analyse». Il s'agit de deux degrés de méditation analytique, le premier étant une investigation générale sur les différents aspects de l'objet contemplé qui permet de s'en faire une idée première, et le second étant une analyse plus fine de ses attributs, destinée à en découvrir le sens subtil.

outre, Maitreya, toute quiétude ou vision éminente issue de l'enquête approfondie est un recueillement analytique accompagné d'enquête. Toute quiétude ou vision éminente qui provient de l'analyse est un recueillement analytique dépourvu d'enquête. Toute quiétude ou vision éminente qui a pour objet la Doctrine intégrée est un recueillement dépourvu d'enquête et d'analyse.

– Bienheureux, quelle est la cause de la quiétude ? Quelle est la cause de la fixation parfaite ? Quelle est la cause de l'impartialité[1] ?

– Maitreya, lorsque l'esprit est excité ou lorsqu'il craint de l'être, toute attention portée aux phénomènes inspirant le renoncement et à l'esprit ininterrompu est considérée comme une cause de quiétude. Maitreya, lorsque l'esprit sombre dans la torpeur ou craint d'y sombrer, toute attention portée aux phénomènes inspirant la joie et aux qualités de l'esprit est considérée comme une cause de fixation parfaite. Maitreya, lorsqu'on pratique uniquement la quiétude ou la vision éminente ou bien la voie qui les unit, et que l'esprit, spontanément attentif, entre naturellement dans un état sans passion, inaffecté par les deux passions secondaires de l'excitation et de la torpeur, on peut parler de cause de l'impartialité.

– Bienheureux, lorsque des bodhisattvas qui cultivent la quiétude et la vision éminente acquièrent une connaissance indéfectible relativement aux enseignements et à leur sens, de quelle manière parviennent-ils à la connaissance indéfectible de chacune des doctrines ? De quelle manière parviennent-ils à la connaissance indéfectible de sa signification ?

– Maitreya, les connaissances indéfectibles présentent cinq aspects : les mots, les phrases, les syllabes, leur état séparé et leur réunion. Qu'est-ce que les mots ? Ce par quoi l'on désigne la

---

1. Tib. *btang snyoms*, sk. *upekṣā*, souvent traduit par « équanimité ». Ici, il s'agit d'un état dépassionné, d'une « indifférence » à l'égard des réactions suscitées par les passions.

nature propre et les particularités des phénomènes souillés par les passions et des phénomènes parfaitement purs. Qu'est-ce que les phrases ? Les combinaisons de mots qui tiennent lieu de moyens de désignation conventionnels des objets souillés par les passions et des objets parfaitement purs. Qu'est-ce que les syllabes ? Les semences verbales qui forment l'assise des mots et des phrases. Qu'est-ce que la connaissance indéfectible de ce qui les distingue ? Il s'agit d'une connaissance indéfectible où l'attention discerne les objets sans confusion aucune. Qu'est-ce que la connaissance indéfectible de leur réunion ? Une connaissance indéfectible où l'attention discerne les objets dans leur combinaison. Toutes ces connaissances peuvent se ramener à la connaissance indéfectible relative aux doctrines. Et c'est ainsi que l'on connaîtra clairement et distinctement les doctrines.

La connaissance indéfectible des bodhisattvas relative au sens des enseignements présente à son tour dix aspects : l'existence dans la variété de ses manifestations ; l'existence en tant que telle ; le sujet ; l'objet ; ce qui dure ; les objets de jouissance ; la méprise ; l'absence de méprise ; les afflictions et le purifié.

Maitreya, la somme complète de toutes les catégories de phénomènes affligés et purifiés se ramène essentiellement à l'existence dans la variété de ses manifestations, autrement dit les agrégats au nombre de cinq, les sources internes des sens au nombre de six et les sources externes des sens au nombre de six également.

Maitreya, l'existence en tant que telle désigne l'ainsité de ces mêmes phénomènes affligés ou purifés. On la comprendra sous sept angles : l'ainsité de l'émergence, laquelle désigne l'absence de début et de fin des facteurs de compositions ; l'ainsité des caractéristiques essentielles, laquelle désigne l'inexistence du soi individuel et l'insubstantialité de l'ensemble des phénomènes ; l'ainsité de la cognition ou le fait que tous les facteurs de composition sont essentiellement cognition ; l'ainsité de ce qui dure, la vérité de la souffrance que j'ai enseignée ; l'ainsité de ce

qui "œuvre de façon erronée", la vérité de l'origine de la souffrance que j'ai enseignée ; l'ainsité du purifié, la vérité de la
cessation que j'ai enseignée ; l'ainsité de la pratique correcte, la
vérité de la voie que j'ai enseignée. Maitreya, du fait de l'ainsité
de l'émergence, de l'ainsité de ce qui dure et de l'ainsité de ce
qui "œuvre de façon erronée", tous les êtres animés sont
semblables et égaux. Maitreya, du fait de l'ainsité des caractéristiques essentielles et de l'ainsité de la cognition, tous les phénomènes sont semblables et égaux. Maitreya, du fait de l'ainsité
du purifié, tous les types d'Éveil, qu'il s'agisse de l'Éveil des
Auditeurs, de l'Éveil des bouddhas-par-soi ou de l'insurpassable
Éveil authentique et parfait, sont semblables et égaux. Maitreya,
du fait de l'ainsité de la pratique correcte, les types de connaissance supérieure à quoi se ramènent la quiétude et la vision
éminente fixées sur la doctrine intégrant tout ce qui a été
entendu sont semblables et égaux.

Maitreya, le sujet désigne les cinq sources physiques des
sens, l'esprit, le mental, les consciences et les événements
mentaux[1].

Maitreya, l'objet désigne les six sources externes des sens.
De plus, Maitreya, ce qu'est le sujet, l'objet l'est aussi.

Maitreya, ce qui dure a trait aux domaines mondains, aux
mondes où des êtres animés peuvent apparaître : un village,

---

1. Tib. *sems byung*, sk. *caitāsika*, les facteurs mentaux associés à l'esprit princi-
pal (tib. *gtso sems*). Il s'agit de cinquante et un événements mentaux qui accompagnent les principales consciences dans leurs actes de connaissance. Certains
d'entre eux sont indispensables à tout acte de connaissance (les cinq facteurs mentaux omniprésents : sensation, représentations mentales, intention, attention et
contact), et les autres se manifestent de façon intermittente selon les circonstances
et les états d'esprit. Cinq facteurs renforcent le contact de la conscience avec son
objet (les cinq facteurs déterminants : aspiration, croyance, mémoire, concentration et connaissance discernante), vingt-six facteurs perturbent l'activité
consciente (les six passions principales et les vingt passions secondaires) et onze
facteurs orientent la conscience vers des activités vertueuses (les onze facteurs vertueux). Enfin, on compte quatre facteurs changeants, ni bons ni mauvais en eux-
mêmes (sommeil, regret, enquête et analyse).

cent villages, mille, cent mille villages ; une terre bordée par les océans, cent, mille ou cent mille d'entre elles ; un continent Jambudvîpa, cent, mille ou cent mille d'entre eux ; quatre continents, cent, mille ou cent mille fois ces quatre continents ; un millier d'univers, cent, mille ou cent mille fois ce millier d'univers ; un million d'univers, cent, mille ou cent mille fois ce million d'univers ; un milliard d'univers, cent, mille, cent mille, un million, cent millions, un milliard ou cent milliards de fois ce milliard d'univers ; un nombre incalculable d'univers, cent, mille ou cent mille fois ce nombre incalculable d'univers ; un nombre incalculable et illimité de mondes dans les dix directions, voire autant qu'il y a d'atomes dans cent mille "incalculables" de milliards d'univers.

Maitreya, j'ai enseigné que les objets de jouissance désignaient toutes les ressources et tous les objets utiles que possèdent les êtres animés et dont ils peuvent jouir.

Maitreya, la méprise a trait au sujet et à l'objet, aux notions erronées comme le concept de la permanence dans ce qui est impermanent, aux pensées erronées, aux vues erronées ; aux notions erronées qui voient le plaisir dans la souffrance ; le pur dans l'impur, un soi dans ce qui en est dépourvu ; aux pensées et aux vues erronées de toute espèce.

Maitreya, sache que l'absence de méprise a trait à ce qui s'oppose aux choses précédentes, c'est-à-dire à leurs antidotes.

Maitreya, les afflictions sont triples : les afflictions des passions dans les trois mondes ; les afflictions issues de tous les *karmas* ; et les afflictions de toutes les naissances.

Maitreya, le purifié désigne les doctrines qui sont en harmonie avec l'Éveil et libèrent les êtres des trois types d'affliction. Sache, Maitreya, que toutes choses sont incluses dans ces dix points.

Par ailleurs, Maitreya, les bodhisattvas possèdent une indéfectible connaissance de ces choses en cinq points : les réalités connaissables, les objets connaissables, la connaissance, l'obtention du fruit de la connaissance et la connaissance suprême.

Maitreya, considère que les "choses connaissables" désignent l'ensemble des objets de la connaissance. Ce sont les agrégats, les sources internes des sens, les sources externes des sens, et ainsi de suite.

Maitreya, la signification des objets connaissables a trait aux connaissables sous leurs multiples aspects et dans leur réalité telle quelle : il s'agit de la réalité superficielle, de la réalité absolue, des défauts et des qualités, des conditions, du temps, des caractéristiques de la naissance, de la durée et de la destruction, de la maladie, et ainsi de suite ; de la souffrance et de son origine, de la cessation et de la voie ; de l'ainsité, de la cime du réel, de la dimension absolue du réel, [des discours] condensés et développés, des réponses définitives, des analyses, des questions-réponses, des sentences, des choses secrètes et des choses révélées. Sache que tout ce qui entre dans ces catégories a un sens connaissable.

Maitreya, la connaissance parfaite a trait aux doctrines orientées vers l'Éveil, lesquelles permettent d'embrasser à la fois l'absolu et le conventionnel. Il s'agit des fixations de l'attention, des abandons parfaits et des autres auxiliaires de l'Éveil.

Maitreya, l'obtention du fruit de la connaissance désigne la soumission du désir, de la colère et de la stupidité ; le rejet total du désir, de la colère et de la stupidité ; les fruits des actes vertueux, les qualités mondaines et supramondaines, ordinaires et extraordinaires des Auditeurs et des tathâgatas que j'ai enseignées et qui se doivent d'être manifestées. Maitreya, la connaissance suprême est la connaissance libre de ces qualités enfin manifestes, le vaste enseignement à dispenser aux autres, l'enseignement authentique. Maitreya, sache que ces cinq points couvrent le sens de toutes les doctrines.

Maitreya, les bodhisattvas atteignent aussi une indéfectible connaissance de chacune de ces choses en quatre points : le sens appréhendé par l'esprit, le sens éprouvé par l'expérience, le sens de la cognition, et le sens de l'affligé et du purifié. Sache, Maitreya, que ces quatre points concentrent le sens de toutes les doctrines.

Maitreya, les bodhisattvas obtiennent aussi une indéfectible connaissance de chacune de ces choses en trois points : le sens des phrases, le sens des contenus et le sens des domaines. Considère, Maitreya, que le sens des phrases est celui des mots assemblés, et ainsi de suite. Sache, Maitreya, que les contenus présentent dix aspects : la caractéristique de ce qui est ; la caractéristique de la connaissance parfaite ; la caractéristique de l'abandon ; la caractéristique de l'actualisation ; la caractéristique de la méditation ; la caractéristique qui tient à la distinction des différents aspects des présentes caractéristiques telles que la caractéristique de ce qui est ; la caractéristique du contenant et du contenu ; la caractéristique des phénomènes qui interrompent la connaissance ; la caractéristique des phénomènes concordants avec l'Éveil ; et la caractéristique des défauts et des qualités respectivement rattachés à l'ignorance et à la connaissance parfaite. Maitreya, les domaines sont cinq : le domaine des mondes, le domaine des êtres animés, le domaine des phénomènes mentaux, le domaine de la discipline et le domaine des méthodes de discipline.

Maitreya, sache que dans ces trois points se trouve le sens de toutes les doctrines.

– Bienheureux, qu'est-ce que la connaissance indéfectible relative au sens des enseignements qui émane de la connaissance supérieure née de l'écoute ? Qu'entend-on par la connaissance indéfectible relative au sens des enseignements qui émane de la connaissance supérieure née de la réflexion ? Bienheureux, qu'entend-on par la connaissance indéfectible relative au sens des enseignements qui émane de la connaissance supérieure née de la quiétude et de la vision éminente, et quelles sont les différences entre ces connaissances ?»

Le Bienheureux répondit :

«Maitreya, les bodhisattvas empreints de la connaissance supérieure née de l'écoute restent au niveau des mots. Ils les prennent à la lettre sans en comprendre l'intention et ne les traduisent pas en actes. Ils agissent en vue de la libération mais leurs connaissances n'ont pas le pouvoir de les libérer complètement.

Maitreya, avec la connaissance supérieure née de la réflexion, ils s'attachent encore aux mots mais ne les prennent plus à la lettre. Ils en saisissent l'intention et les traduisent en actes. Ils se conforment davantage à la complète délivrance, mais leurs connaissances n'ont pas encore le pouvoir de les libérer vraiment.

Maitreya, avec la connaissance supérieure née de la méditation, les bodhisattvas adhèrent aux mots sans s'y attacher. Ils en saisissent le sens littéral tout autant que l'intention. Ils les traduisent en actes avec les images objets du recueillement conforme aux choses connaissables. Toujours plus dans le sens de la libération, leurs connaissances ont un pouvoir libérateur. Telles sont donc, Maitreya, les différences entre ces connaissances.

— Bienheureux, quelles sont les indéfectibles connaissances relatives aux doctrines et à leur sens propres aux bodhisattvas qui cultivent la quiétude et la vision éminente ? Que perçoivent-ils ?

— Maitreya, j'ai déjà enseigné de multiples façons quelles étaient la connaissance et la vision des bodhisattvas, mais je vais encore te les expliquer en bref. Leur connaissance, c'est la connaissance supérieure de la quiétude et de la vision éminente portant sur la Doctrine intégrée. Leur vision, c'est la connaissance supérieure de la quiétude et de la vision éminente portant sur les doctrines non intégrées.

— Bienheureux, lorsqu'ils cultivent la quiétude et la vision éminente, de quelle attention font-ils usage pour dissiper les caractéristiques et de quel type sont ces dernières ?

— Maitreya, c'est en portant leur attention sur l'ainsité qu'ils dissipent les caractéristiques des doctrines et de leur sens. Quant aux mots, ils n'en considèrent ni l'essence propre ni les caractéristiques de leur existence comme réelles, et ainsi les éliminent-ils aussi. Sache qu'il en est de toutes les phrases, de toutes les syllabes et de leur sens comme des mots.

Maitreya, ainsi en est-il pour toutes choses jusqu'aux domaines : c'est sans considération pour leur nature propre ni pour les caractéristiques de leur existence en tant que réelles qu'ils les éliminent.

– Qu'en est-il, Bienheureux : éliminent-ils aussi les caractéristiques de leur connaissance indéfectible relative aux doctrines et à leur sens ?

– Maitreya, que pourrait-on encore éliminer dans la connaissance indéfectible du sens de l'ainsité, là où nulle caractéristique n'est plus observable ? Maitreya, la connaissance du sens de l'ainsité élimine toutes les caractéristiques des doctrines et de leur signification. Mais je n'ai pas déclaré que quoi que ce soit puisse éclipser cette connaissance.

– Bienheureux, vous avez dit : "On ne peut pas examiner les traits de son visage dans un bassin d'eau trouble ni dans un miroir souillé ou dans un étang agité, par exemple. Mais on le peut dans leurs contraires. De même, l'esprit qui ne médite pas n'est pas en mesure de connaître la réalité telle quelle, alors qu'il le peut s'il médite." Qu'est-ce donc que l'analyse opérée par l'esprit ? À quelle ainsité pensez-vous lorsque vous parlez ainsi ?

– Maitreya, l'esprit procède en fait à trois analyses : l'analyse mentale qui découle de l'écoute ; l'analyse mentale qui découle de la réflexion et l'analyse mentale qui découle de la méditation. Lorsque je parlais ainsi, j'avais à l'esprit l'ainsité de tout acte de connaissance.

– Bienheureux, lorsque le bodhisattva qui connaît indéfectiblement les doctrines et leur sens entreprend d'éliminer leurs caractéristiques, quelles sont les caractéristiques en question ? Et qu'est-ce qui les élimine ?

– Maitreya, ces caractéristiques sont au nombre de dix et c'est la vacuité qui les élimine. Quelles sont-elles ?

La vacuité de tous les phénomènes élimine toutes les caractéristiques des phrases et des syllabes s'opposant à la connaissance des phénomènes.

La vacuité de ce qui n'a ni commencement ni fin élimine toutes les caractéristiques temporelles de la naissance, de la destruction, de la durée et de la transformation s'opposant à la connaissance indéfectible du sens de l'ainsité de ce qui dure.

La vacuité de l'intérieur et la vacuité de l'impossibilité de concevoir un objet éliminent toutes les caractéristiques de la croyance à la réalité des composés destructibles et de la croyance au "moi" qui s'opposent à la connaissance indéfectible du sens du sujet.

La vacuité de l'extérieur élimine la caractéristique de la croyance à la réalité des objets de jouissance, laquelle s'oppose à la connaissance indéfectible du sens de l'objet.

La vacuité de l'intérieur et de l'extérieur et la vacuité de nature propre éliminent toutes les caractéristiques du plaisir intérieur et de la beauté extérieure qui s'opposent à la connaissance indéfectible des objets dont on jouit.

La vacuité du grand élimine toutes les marques de l'illimité qui s'opposent à la connaissance indéfectible du sens de ce qui dure.

La vacuité de ce qui est composé élimine toutes les caractéristiques de paisible délivrance intérieure qui ont lieu dans le Sans-Forme.

La vacuité de ce qui transcende les limites, la vacuité de l'insubstantiel, la vacuité de l'essence de l'insubstantiel et la vacuité de la réalité absolue éliminent toutes les caractéristiques de l'inexistence du soi individuel, de l'insubstantialité des phénomènes, du rien-que-cognition et de la réalité absolue qui s'opposent à la connaissance indéfectible du sens de l'ainsité des caractéristiques.

La vacuité de l'inconditionné et la vacuité que rien n'exclut éliminent toutes les caractéristiques de l'inconditionné et de l'immuable qui s'opposent à la connaissance indéfectible du sens de la très pure ainsité.

La vacuité de la vacuité élimine les caractéristiques de vacuité qui placent l'attention sur la vacuité en tant qu'antidote de toutes les caractéristiques.

– Bienheureux, lorsque ces dix caractéristiques sont éliminées, toutes les caractéristiques possibles le sont. De quelles caractéristiques d'entraves doit-on encore se libérer ?

– Maitreya, en éliminant la caractéristique de l'image objet de recueillement, on se libérera de la caractéristique de ce qui est marqué par les afflictions universelles.

Maitreya, sache que ces vacuités sont les antidotes de ces caractéristiques tenues pour de vraies réalités. Chacune, cependant, n'en reste pas moins l'antidote de toutes les caractéristiques à la fois. Maitreya, il en est comme de l'ignorance jusqu'à la vieillesse-et-mort, lesquelles ne prouvent pas l'existence de tout ce qui est affligé. Du fait qu'elles en sont les conditions proches et immédiates, j'enseigne qu'elles sont les agents qui produisent les composés. De même comprendra-t-on les vacuités.

– Bienheureux, quelle est donc la caractéristique essentielle de cette vacuité que réalisent les bodhisattvas dans le Grand Véhicule sans pour autant choir dans l'orgueil d'avoir réalisé les caractéristiques de la vacuité ?»

Le Bienheureux félicita le bodhisattva Maitreya : «Excellent, Maitreya ! C'est pour que les bodhisattvas ne perdent rien de la vacuité que tu me poses cette question ! Excellent, excellent ! Pourquoi ? Parce que, Maitreya, les bodhisattvas qui manquent la vacuité manquent tout du Grand Véhicule. Écoute-moi, Maitreya, car je vais t'expliquer la caractéristique essentielle de la vacuité.

Maitreya, la caractéristique du dépendant et la caractéristique du parfaitement établi sont, sous tous leurs aspects, libres des caractéristiques purement imaginaires de l'affligé et du purifié[1]. Voilà ce qu'on entend par "enseignement sur la caractéristique essentielle de la vacuité dans le Grand Véhicule".

---

1. Par l'affligé et le purifié il faut entendre le *saṃsāra* et le *nirvāṇa*.

— Bienheureux, combien de recueillements de quiétude et de vision éminente se trouvent inclus dans la caractéristique essentielle de la vacuité?

— Sache, Maitreya, que tous les recueillements des auditeurs, des bodhisattvas et des tathâgatas se trouvent ici inclus.

— Bienheureux, quelles sont les causes de la quiétude et de la vision éminente?

— Maitreya, elles ont pour cause le respect de la discipline et la pureté de la vue née de l'écoute et de la réflexion.

— Bienheureux, pourriez-vous énoncer leurs effets?

— Maitreya, elles produisent l'esprit parfaitement pur et la connaissance supérieure parfaitement pure. Sache aussi, Maitreya, que toutes les qualités vertueuses mondaines et supramondaines des auditeurs, des bodhisattvas et des tathâgatas sont des effets de la quiétude et de la vision éminente.

— Bienheureux, quelle est la fonction de la quiétude et de la vision éminente?

— Maitreya, elles ont pour fonction de trancher les liens des caractéristiques et des pesanteurs.

— Bienheureux, vous avez mentionné cinq types d'obstacles : quels sont ceux qui font obstacle à la quiétude? Quels sont les obstacles à la vision éminente? Quels sont les obstacles aux deux à la fois?

— Sache, Maitreya, que les opinions valorisant le corps et les possessions dont on jouit sont des obstacles à la quiétude; que ne pas obtenir selon ses souhaits les instructions des êtres sublimes est un obstacle à la vision éminente; que demeurer dans le tourment et se satisfaire de faibles accomplissements est un obstacle aux deux à la fois. Le premier entrave l'application à la pratique, et le second empêche de mener l'exercice à son terme.

— Bienheureux, des cinq obscurcissements, lesquels font obstacle à la quiétude? Lesquels font obstacle à la vision éminente? Lesquels font obstacle aux deux à la fois?

– Maitreya, l'excitation et le regret obscurcissent la quiétude. La torpeur, le sommeil et le doute obscurcissent la vision éminente. Le désir intense et la malveillance font obstacle tant à la quiétude qu'à la vision éminente.

– Bienheureux, à partir de quand la voie de la quiétude est-elle entièrement purifiée ?

– Quand la torpeur et le sommeil, ô Maitreya, ont été dûment évincés.

– Bienheureux, à partir de quand la voie de la vision éminente est-elle entièrement purifiée ?

– Quand l'excitation et le regret, ô Maitreya, ont été soigneusement et dûment vaincus.

– Bienheureux, à combien de formes de distractions mentales s'exposent les bodhisattvas qui s'appliquent à la quiétude et à la vision éminente ?

– Cinq, Maitreya : la distraction de l'attention, la distraction extérieure, la distraction intérieure, la distraction liée aux caractéristiques et la distraction due aux pesanteurs.

Maitreya, la distraction de l'attention concerne le bodhisattva qui renonce à l'attention propre au Grand Véhicule et choit dans une attention particulière aux auditeurs ou aux bouddhas-par-soi.

La distraction mentale extérieure concerne celui qui laisse son esprit s'éparpiller dans les cinq objets des sens, dans l'agitation fébrile, dans les signes apparents, les fictions, les passions principales et secondaires et tous les objets extérieurs.

S'il sombre dans la torpeur et le sommeil, s'il savoure le goût de l'absorption dans l'égalité[1], ou s'il est affecté par quelque passion secondaire propre à l'absorption dans l'égalité, il s'agit d'une distraction mentale intérieure.

---

1. Tib. *snyoms par 'jug pa*, sk. *samāpatti* : on entend ici par *samāpatti* les quatre *dhyāna* liés au domaine du Sans-Forme (*ārūpyadhātu*), qui ne sont pas libérateurs et qui peuvent être la cause de renaissances divines dans le Sans-Forme si l'on s'y attache.

S'il fait des signes extérieurs la sphère d'activité principale de son recueillement, il s'agit d'une distraction due aux signes apparents.

Quand, alors que son attention est tournée vers l'intérieur, il présume de son existence en tant que "moi" du fait de sa résistance physique aux sensations, il s'agit d'une distraction due aux pesanteurs.

– Bienheureux, de quoi la quiétude et la vision éminente sont-elles les antidotes à partir de la première terre des bodhisattvas et ce jusqu'à la terre des tathâgatas?

– Maitreya, sur la première terre, la quiétude et la vision éminente sont les antidotes des afflictions dont on souffre dans les mauvaises destinées et de toutes les afflictions du *karma* et de la naissance. Sur la deuxième terre, elles s'opposent à l'émergence de toutes les illusions issues des transgressions subtiles. Sur la troisième terre, elles s'opposent à l'attachement aux objets du désir sensuel. Sur la quatrième terre, elles s'opposent à la soif d'absorption dans l'égalité et à la soif d'enseignements. Sur la cinquième terre, elles s'opposent aux attitudes de rejet total du cercle des existences et de désir exclusif de l'au-delà de la souffrance. Sur la sixième terre, elles s'opposent à l'émergence de caractéristiques en nombre. Sur la septième terre, elles s'opposent à l'émergence de caractéristiques subtiles. Sur la huitième terre, elles s'opposent à la quête du sans-caractéristiques et au manque de contrôle sur les caractéristiques. Sur la neuvième terre, elles s'opposent au manque de maîtrise de l'enseignement de la doctrine sous tous ses aspects. Sur la dixième terre, elles s'opposent à la non-obtention de la connaissance indéfectible du Corps absolu.

Maitreya, sur la terre des tathâgatas, la quiétude et la vision éminente sont les antidotes des voiles émotionnels et cognitifs les plus subtils. Parfaitement dégagés de ces voiles, [les tathâgatas] atteignent le détachement de toutes choses, la connaissance et la vision que rien n'entrave et, l'accomplissement du but altruiste à l'esprit, ils s'établissent dans la pureté totale du Corps absolu.

– Bienheureux, comment les bodhisattvas qui ont ainsi accompli la quiétude et la vision éminente s'éveillent-ils totalement à l'insurpassable Éveil authentique et parfait?»

Le Bienheureux répondit :

«Maitreya, les bodhisattvas qui maîtrisent la quiétude et la vision éminente commencent par les sept ainsités. L'esprit absorbé dans les doctrines telles qu'ils les ont entendues, et conformément à leur réflexion, ils se concentrent intérieurement sur l'ainsité en réfléchissant soigneusement et en méditant de même. Toute son attention portée sur l'ainsité, leur esprit accède à la suprême impartialité à l'égard de toutes les caractéristiques subtiles qui pourraient se présenter, et – cela va sans dire – à l'égard des caractéristiques grossières.

Ces caractéristiques subtiles, Maitreya, sont les suivantes : les caractéristiques de l'appropriation par l'esprit; les caractéristiques de l'expérience; les caractéristiques de la cognition; les caractéristiques de l'affligé et du purifié; les caractéristiques de l'extérieur; les caractéristiques de l'intérieur; les caractéristiques de l'extérieur et de l'intérieur; les caractéristiques de la décision d'œuvrer au bien de tous les êtres; les caractéristiques de la connaissance; les caractéristiques de l'ainsité, de la souffrance, de son origine, de sa cessation et de la voie; les caractéristiques des phénomènes composés; les caractéristiques des phénomènes incomposés; les caractéristiques de la permanence; les caractéristiques de l'impermanence; les caractéristiques dont la nature s'accompagne de souffrance et de changements; les caractéristiques de ce qui est immuable; les caractéristiques différentes des caractéristiques essentielles des composés; les caractéristiques des caractéristiques propres; les caractéristiques de l'universel qui font connaître toutes choses en tant que totalité; les caractéristiques de l'inexistence du soi individuel et enfin les caractéristiques de l'insubstantialité des phénomènes. C'est relativement à leur émergence que l'esprit accède à la suprême impartialité. Une fois dans cet état, les bodhisattvas s'y établissent à maintes reprises et purifient leur esprit des obstacles, des obscurcissements et des distractions. Et c'est ainsi que les gagneront les sept modes de la connaissance qui discernent les sept ainsités, et qui correspondent à la connaissance indéfectible de leur propre intériorité : telle est la voie de la vision.

Celle-ci atteinte, les bodhisattvas accèdent au réel qui n'a aucun défaut et naissent dans la famille des Tathâgata. Ils atteignent la première terre et font l'expérience des bienfaits et qualités de cette terre. Alors, comme auparavant, ils atteignent la quiétude et la vision éminente et accèdent aux deux types d'objets : les images accompagnées de constructions mentales et les images dépourvues de constructions mentales. C'est ainsi que, ayant atteint la voie de la vision, ils obtiennent d'envisager les limites du réel. Puis, sur les terres suivantes, ils parcourent la voie de la méditation. Leur attention se porte sur les trois objets comme lorsqu'on ôte un gros clou à l'aide d'un plus petit. De même qu'on ôte un clou à l'aide d'un autre clou, en éliminant les caractéristiques intérieures, ils éliminent du même coup toutes les caractéristiques correspondant au samsâra. Et lorsqu'ils éliminent ces caractéristiques, ils éliminent du même coup les pesanteurs.

Après cette victoire totale sur les caractéristiques et les pesanteurs, ils progressent en s'élevant dans les terres et purifient leur esprit comme on raffine de l'or. Ils s'éveillent ainsi entièrement et réellement à l'insurpassable Éveil authentique et parfait et atteignent leur objectif, le parachèvement du but.

Maitreya, en accomplissant ainsi la quiétude et la vision éminente, les bodhisattvas s'éveillent totalement et réellement à l'insurpassable Éveil authentique et parfait.

– Comment doivent-ils pratiquer pour accomplir les grands pouvoirs des bodhisattvas ?

– Maitreya, les bodhisattvas experts dans les six points que je vais te dire réaliseront les grands pouvoirs des bodhisattvas : ils seront habiles dans la production de la pensée ; dans son repos ; dans son lever ; dans sa croissance ; dans sa décroissance ; et dans les moyens appropriés.

Comment deviennent-ils experts dans la production de la pensée ? Ils sont experts dans la production de la pensée dans sa réalité même dès lors qu'ils connaissent les seize modes de production de la pensée. Ces seize modes sont les suivants :

La cognition qui est à la fois ferme support et contenant, autrement dit la conscience appropriatrice ;

La cognition de multiples objets, autrement dit la conscience mentale fictionnante qui saisit instantanément les objets comme les formes, qui au même instant saisit des objets extérieurs et intérieurs, et qui en un instant, en un seul moment, en un très bref intervalle de temps, s'absorbe dans de nombreux recueillements méditatifs, voit de nombreux champs de bouddha et de nombreux tathâgatas. Tout cela n'est que conscience mentale fictionnante ;

La cognition des petites caractéristiques des objets, autrement dit la pensée relative au monde du Désir ;

La cognition des grandes caractéristiques des objets, autrement dit la pensée relative au monde de la Forme ;

La cognition des caractéristiques illimitées des objets, autrement dit la pensée relative à l'espace infini et à la conscience infinie ;

La cognition des caractéristiques subtiles des objets, c'est-à-dire la pensée relative à la sphère du néant ;

La cognition des caractéristiques ultimes des objets, c'est-à-dire la pensée relative à la sphère où il n'y a ni représentations mentales ni absence de représentations mentales ;

La cognition de l'inexistence des caractéristiques, c'est-à-dire la pensée relative à l'observation du supramondain et de la cessation ;

La cognition relative à la souffrance et aux êtres animés des enfers ;

La cognition qui s'accompagne de diverses sensations, active dans le monde du Désir ;

La cognition qui s'accompagne de joie, dans la première et la deuxième concentrations méditatives ;

La cognition qui s'accompagne de félicité, dans la troisième concentration méditative ;

La cognition qui ne s'accompagne ni de souffrance ni de félicité, à partir de la quatrième concentration méditative jusqu'à la sphère où il n'y a ni représentations mentales ni absence de représentations mentales ;

La cognition qui s'accompagne de passions, c'est-à-dire la pensée relative aux passions principales et secondaires ;

La cognition qui s'accompagne de vertus, c'est-à-dire la pensée relative à la foi, et ainsi de suite ;

La cognition, enfin, qui s'accompagne d'indétermination, une pensée qui n'est reliée ni aux passions ni aux vertus.

Quand les bodhisattvas sont-ils experts en ce qui dure ? Lorsqu'ils connaissent au plus haut point l'ainsité de la cognition telle que réellement elle est.

Quand les bodhisattvas sont-ils experts en émergence de la pensée ? Lorsqu'ils connaissent au plus haut point les deux entraves, l'entrave des caractéristiques et celle des pesanteurs, et que les connaissant ainsi, ils sont experts à prévoir que telle ou telle pensée émergera de telle ou telle cause.

Quand les bodhisattvas sont-ils experts en croissance de la pensée ? Lorsque l'esprit qui élimine les caractéristiques et les pesanteurs naît et croît en force, ils sont experts à prévoir que telle ou telle pensée va naître et s'accroître.

Quand les bodhisattvas sont-ils experts en décroissance de la pensée ? Lorsque l'esprit affligé par les caractéristiques et les pesanteurs décroît, ils sont experts à prévoir que telle ou telle pensée va diminuer ou décroître.

Quand les bodhisattvas sont-ils experts en moyens habiles ? Lorsqu'ils méditent sur les huit libérations[1], les huit sphères de domination et les dix sphères de totalité[2]. C'est ainsi, Maitreya,

---

1. Sur les huit libérations, voir Sengzhao, *Introduction aux pratiques de la non-dualité*, p. 120, n. 1.
2. Ou « globalités », voir Buddhaghosa, *Visuddhimagga*, *Le Chemin de la Pureté*, ch. IV et V.

que les bodhisattvas ont réalisé, réalisent et réaliseront les grands pouvoirs des bodhisattvas.

— Bienheureux, lorsque vous dites que dans la dimension de l'au-delà de la souffrance où il n'est plus de résidus corporels toutes les sensations cessent, de quelles sensations véritablement s'agit-il ?

— Maitreya, en bref, deux types de sensations cessent : la conscience des pesanteurs quant au lieu, laquelle a pour effet la conscience des objets.

Sache qu'il y a quatre types de conscience des pesanteurs quant au lieu : la conscience des pesanteurs de la Forme, la conscience des pesanteurs du Sans-Forme, la conscience des pesanteurs qui ont produit leur fruit, et la conscience des pesanteurs qui n'ont pas encore produit leur fruit. Les pesanteurs qui ont produit leur fruit constituent tout ce qui existe à présent. Celles qui n'ont pas produit leur fruit constituent tout ce qui produira les événements à venir.

Sache que la conscience des objets présente également quatre aspects : la conscience des lieux, la conscience des objets utiles, la conscience des objets de jouissance, et la conscience des dépendances.

En outre, cette conscience des objets se manifeste dans la dimension de l'au-delà de la souffrance accompagné de résidus corporels. Bien qu'elle relève de la conscience de ce qui n'a pas produit son fruit, tout ce qui ne s'accorde pas avec l'expérience des sensations issues du contact n'a pas encore totalement cessé. Les sensations sont alors mêlées. Avec la fin de la conscience qui éprouve ce qui a produit son fruit, les deux types de sensations cessent dans leur totalité. La conscience s'étant rétractée, on éprouve uniquement les sensations issues du contact. Ces dernières cessent lorsqu'on passe complètement dans l'au-delà de la souffrance au sein de la dimension du nirvâna sans résidus corporels. Voilà pourquoi il est dit : « Toutes les sensations cessent dans la dimension de l'au-delà de la souffrance dépourvu de résidus corporels." »

Après quoi le Bienheureux dit encore au bodhisattva Maitreya :

«Maitreya, tu as interrogé le Tathâgata sur la perfection et la parfaite pureté de la voie du yoga dans laquelle tu as une habileté certaine. C'est excellent, vraiment excellent! Je t'ai donc enseigné la perfection et la parfaite pureté de la voie du yoga. Tous les bouddhas authentiques et parfaits du passé et de l'avenir l'ont enseigné et l'enseigneront de semblable manière. Il convient donc que les fils et les filles de noble famille s'y exercent assidûment. »

Alors le Bienheureux prononça ces stances :

« Toutes les doctrines énoncées et établies
Ont pour grand dessein la diligence dans le yoga.
Ceux qui s'appuient sur ces doctrines
Et s'exercent correctement à ce yoga atteindront l'Éveil.

Les opportunistes qui critiquent ces paroles
Et explorent toutes les doctrines à la recherche de la délivrance
Sont, Maitreya, aussi éloignés de ce yoga
Que le ciel de la terre.

Les êtres intelligents qui œuvrent au bien des autres
Ne font pas effort pour être payés de retour.
Ceux qui espèrent qu'on leur rendra leurs bienfaits
N'atteindront pas la joie exempte de soucis matériels.

Ceux qui dispensent les instructions de la Doctrine par désir,
Bien qu'ayant renoncé au désir, y retombent encore.
Bien qu'ayant trouvé l'inestimable joyau de la Doctrine, ces imbéciles
S'apprêtent à le reperdre.

Voilà pourquoi vous devriez renoncer à toutes formes de Disputes, amusements et proliférations conceptuelles[1].
Afin de libérer tout ce qui vit dans le monde, y compris les dieux,
Exercez tout votre zèle à la pratique de ce yoga.»

Le bodhisattva Maitreya dit alors au Bienheureux :
«Bienheureux, quel est le nom de cet enseignement spécifique dans l'ensemble des doctrines qui révèlent clairement votre intention? Et sous quel titre le retiendra-t-on?»
Le Bienheureux répondit :
«Maitreya, il s'agit de l'enseignement sur le sens définitif du yoga. Retiens-le donc sous le titre d'"enseignement sur le sens définitif du yoga".»
Au cours de l'explication de cet enseignement sur le sens définitif du yoga, six cent mille êtres vivants engendrèrent la pensée de l'insurpassable Éveil authentique et parfait. Trois cent mille auditeurs purifièrent complètement leur œil du Dharma de toute souillure relative à la Doctrine. Cent cinquante mille auditeurs libérèrent complètement leur esprit des souillures sans plus avoir à reprendre naissance. Et enfin, soixante-quinze mille bodhisattvas accédèrent à la contemplation du grand yoga.

Ici s'achève le huitième chapitre, suscité par Maitreya.

---

1. Tib. *spros pa*, sk. *prapañca* : les élaborations conceptuelles et les proliférations du jugement au sein de la conscience dualiste.

Chapitre IX

Le bodhisattva Avalokiteshvara demanda alors au Bienheureux :

«Bienheureux, les dix terres des bodhisattvas sont les suivantes : Joie suprême, Immaculée, Radieuse, Rayonnante de flammes, Difficile à conquérir, Présence manifeste, Loin-Allée, Inébranlable, Bonne Intelligence et Nuées du Dharma. Ces terres des bodhisattvas ainsi que la onzième, la terre des bouddhas, à combien de puretés et d'étapes peut-on les ramener?»

Le Bienheureux répondit :

«Sache, Avalokiteshvara, que ces terres peuvent se ramener à quatre puretés et onze étapes. Sache, Avalokiteshvara, que la première terre peut se ramener à la pureté complète de la pensée, la seconde à la pureté complète de la discipline éminente, la troisième à la pureté complète de l'esprit éminent, et que de la quatrième à la onzième, les terres peuvent se ramener à la croissante pureté de la connaissance suprême. Ainsi les terres peuvent-elles toutes se ramener à quatre puretés.

Quelles sont les onze étapes, Avalokiteshvara? Au niveau de l'engagement par conviction, les bodhisattvas exercent leur patience pour cultiver au mieux la conviction à l'égard des dix modes d'application des enseignements. Une fois dépassé ce stade, ils entrent dans l'authenticité des bodhisattvas, qui est dégagée de toute erreur. Or même s'ils arrivent au terme de cette étape, ils sont incapables d'exercer leur vigilance sur les sources de méprise, à savoir les chutes mineures. La seconde terre ne se trouve donc pas parachevée et, pour accomplir parfaitement cette étape, il leur faudra redoubler d'efforts : alors seulement ils y parviendront.

Bien qu'ayant de la sorte accompli la deuxième terre sur cette étape, incapables d'accéder aux absorptions où les recueillements mondains sont parfaits, ils n'ont pas atteint la parfaite mémoire de ce qu'ils ont entendu et ne parviennent pas à la troisième terre. Pour accomplir parfaitement cette étape, il leur faudra redoubler d'efforts : alors seulement ils y parviendront.

Incapables toutefois de se fixer essentiellement sur les doctrines d'Éveil qu'ils ont ainsi obtenues, et incapables d'accéder à l'éminente absorption où toute soif d'absorption et toute soif d'enseignement ont fui l'esprit, ils n'accomplissent pas complètement la quatrième terre. Pour accomplir parfaitement cette étape, il leur faudra redoubler d'efforts : alors seulement ils y parviendront.

Bien qu'ayant accompli la quatrième terre sur cette étape, et même s'ils ont entièrement analysé les vérités et se tiennent désormais dans l'impartialité la plus éminente quant à l'attention portée sur le dégoût du samsâra ou l'amour du nirvâna, ils sont encore incapables de cultiver les doctrines d'Éveil et dépendent des méthodes habiles. Ils n'atteignent donc pas le terme de la cinquième terre. Pour accomplir parfaitement cette étape, il leur faudra redoubler d'efforts : alors seulement ils y parviendront.

Bien qu'ayant accompli la cinquième terre sur cette étape, et même s'ils ont mis à nu la nature exacte de l'activité des facteurs de composition, du fait de leur incapacité à demeurer constamment dans l'attention portée au renoncement aux causes de souffrance et au sans-caractéristiques, ils n'atteignent pas le terme de la sixième terre. Pour accomplir parfaitement cette étape, il leur faudra redoubler d'efforts : alors seulement ils y parviendront.

Bien qu'ayant accompli la sixième terre sur cette sixième étape, ils sont incapables de demeurer constamment dans une attention continue et dépourvue d'obstacles portant sur le sans-caractéristiques et n'atteignent pas le terme de la septième terre. Pour accomplir parfaitement cette étape, il leur faudra redoubler d'efforts : alors seulement ils y parviendront.

Bien qu'ayant accompli la septième terre sur cette étape, ils sont incapables de demeurer dans l'impartialité la plus éminente à l'endroit de l'effort qui établit le méditant dans le sans-caractéristiques et ne peuvent acquérir la maîtrise des caractéristiques. Ils n'atteignent donc pas le terme de la huitième terre. Pour accomplir parfaitement cette étape, il leur faudra redoubler d'efforts : alors seulement ils y parviendront.

Bien qu'ayant accompli la huitième terre sur cette étape, ils sont incapables d'acquérir la maîtrise de l'enseignement de la doctrine en termes d'énumérations, de caractéristiques, de définitions et de subdivisions, et n'atteignent pas le terme de la neuvième terre. Pour accomplir parfaitement cette étape, il leur faudra redoubler d'efforts : alors seulement ils y parviendront.

Bien qu'ayant accompli cette neuvième terre sur cette étape, ils sont incapables d'acquérir le discernement correct du Corps absolu dans toute sa perfection, et n'atteignent pas le terme de la dixième terre. Pour accomplir parfaitement cette étape, il leur faudra redoubler d'efforts : alors seulement ils y parviendront.

Bien qu'ayant accompli cette dixième terre sur cette étape, ils sont incapables d'acquérir la sagesse et la vision qui connaissent tous les connaissables sans attachement ni obstacles, et n'atteignent pas le terme de la terre des bouddhas. Pour parfaitement l'accomplir, il leur faudra redoubler d'efforts : alors seulement ils y parviendront. Ce sera le parachèvement de la dernière étape, et puisque tout sera parachevé sur cette étape, ce sera le parachèvement de toutes les étapes. Sache, Avalokiteshvara, que les terres peuvent ainsi se ramener à onze étapes.

– Bienheureux, pourquoi la première terre s'appelle-t-elle "Joie suprême"? Pourquoi donne-t-on ces noms aux terres jusqu'à la terre de bouddha, elle-même appelée "terre des bouddhas"?

– On donne à la première terre le nom de Joie suprême parce qu'avec l'acquisition de l'esprit supramondain – un grand bien tout à fait inouï – l'on devient joyeux, suprêmement et immensément joyeux.

La deuxième terre s'appelle Immaculée parce qu'elle est l'absence même de toutes les souillures de la discipline que représentent les chutes subtiles et les manquements.

La troisième terre s'appelle Radieuse parce qu'elle est un lieu où la connaissance issue des recueillements et de la mémoire des enseignements jadis entendus brille d'un éclat démesuré.

La quatrième terre s'appelle Rayonnante de flammes parce que, pour brûler le bois des passions, celui qui médite sur les auxiliaires de l'Éveil rayonne du feu éclatant de la sagesse.

La cinquième terre s'appelle Difficile à maîtriser parce qu'il est difficile de maîtriser la méditation sur les auxiliaires de l'Éveil en recourant aux méthodes habiles.

La sixième terre s'appelle Présence manifeste parce que les activités des facteurs de composition y sont clairement manifestes et parce qu'y apparaissent de nombreux moments d'attention portés au sans-caractéristiques.

La septième terre s'appelle Loin-Allée parce qu'on y avance très loin dans une attention dépourvue d'obstacles et ininterrompue portant sur le sans-caractéristiques, et parce que l'on s'y trouve rattaché aux terres très pures.

La huitième terre s'appelle Inébranlable parce qu'on y réalise spontanément le sans-caractéristiques, sans plus être ébranlé par l'émergence des afflictions liées aux caractéristiques.

La neuvième terre s'appelle Bonne Intelligence parce qu'on y acquiert une intelligence immense et infaillible – la maîtrise de l'enseignement de la Doctrine sous tous ses aspects.

La dixième terre s'appelle Nuées du Dharma parce que les doctrines s'y rassemblent telles un grand nuage qui enveloppe et couvre les pesanteurs du corps semblable au ciel.

La onzième terre s'appelle Terre des bouddhas parce que les voiles émotionnels et cognitifs les plus subtils ayant été écartés, c'est le plein Éveil à tous les aspects du connaissable sans plus aucun attachement ni aucun obstacle.

– Bienheureux, combien y a-t-il d'aveuglements et de pesanteurs dont les terres sont les antidotes ? »

Le Bienheureux répondit :

« Avalokiteshvara, il y a vingt-deux aveuglements et onze pesanteurs dont les terres sont les antidotes.

La première terre traite l'aveuglement de croire à la réalité de l'individu et des choses, ainsi que l'aveuglement causé par les afflictions des mauvaises destinées et la pesanteur qui en résulte.

La seconde terre traite l'aveuglement causé par les erreurs que provoquent les chutes subtiles, l'aveuglement des différentes rétributions karmiques et la pesanteur qui en résulte.

La troisième terre traite l'aveuglement de l'attachement aux objets désirables, ainsi que l'aveuglement qui empêche de retenir tout ce que l'on entend et la pesanteur qui en résulte.

La quatrième terre traite l'aveuglement de la soif d'absorption, ainsi que l'aveuglement de la soif d'enseignements et la pesanteur qui en résulte.

La cinquième terre traite l'aveuglement de l'attention exclusivement tournée vers le rejet ou l'attirance du samsâra, ainsi que l'aveuglement de l'attention exclusivement tournée vers le rejet ou l'attirance du nirvâna et la pesanteur qui en résulte.

La sixième terre traite l'aveuglement qui entrave la vision directe des activités des composants, ainsi que l'aveuglement lié à l'émergence de caractéristiques multiples et la pesanteur qui en résulte.

La septième terre traite l'aveuglement lié à l'émergence des caractéristiques subtiles, ainsi que l'aveuglement lié à la méthode habile de l'attention exclusivement portée sur le sans-caractéristiques et la pesanteur qui en résulte.

La huitième terre traite l'aveuglement lié à l'effort consacré au sans-caractéristiques, ainsi que l'aveuglement du manque de contrôle des caractéristiques et la pesanteur qui en résulte.

La neuvième terre traite l'aveuglement qui entrave la maîtrise des innombrables enseignements de la doctrine, des énoncés et des mots en nombre infini, de même que la croissante maîtrise de la connaissance éminente, du courage et des formules de mémoire ; et elle traite l'aveuglement qui entrave la maîtrise du courage infaillible et la pesanteur qui résulte de ces deux aveuglements.

La dixième terre traite l'aveuglement qui entrave les grands pouvoirs de connaissance extraordinaires, ainsi que l'aveuglement qui interdit l'accès au secret et au subtil et la pesanteur qui en résulte.

La terre des bouddha, enfin, traite l'aveuglement qui consiste en un attachement très subtil à tous les objets connaissables, ainsi que l'aveuglement dû aux derniers obstacles et la pesanteur qui en résulte.

Avalokiteshvara, les terres existent en raison de ces vingt-deux aveuglements et de ces onze pesanteurs, ce qui les tient à l'écart de l'insurpassable Éveil authentique et parfait.

– Certes, Bienheureux, les immenses bienfaits et le grand fruit de l'insurpassable Éveil authentique et parfait sont de pures merveilles ! En déchirant le filet des aveuglements et en s'affranchissant des épaisses pesanteurs, puisse le bodhisattva s'éveiller pleinement et concrètement à l'insurpassable Éveil authentique et parfait !

Bienheureux, sur combien de puretés parfaites ces terres reposent-elles ?

– Huit, Avalokiteshvara : la pureté parfaite de la pensée éminente ; la pureté parfaite de l'esprit ; la pureté parfaite de la compassion ; la pureté parfaite des transcendances ; la pureté parfaite qui permet de voir les bouddhas et de les révérer ; la pureté parfaite qui permet d'amener les êtres à pleine maturité ; la pureté parfaite de la naissance et la pureté parfaite du pouvoir spirituel.

Sache, Avalokiteshvara, que ces puretés parfaites, de la pensée éminente au pouvoir spirituel, croissent en pureté à mesure de la montée dans les terres, jusqu'à la terre des bouddhas où elles atteignent la plus grande pureté. Sache également que, à l'exception de la pureté parfaite de la naissance dans la terre des bouddhas, les qualités de la première terre sont équivalentes aux qualités des terres suivantes, mais que les qualités propres à chacune des terres successives ont leur propre degré d'excellence. Sache encore que les qualités de l'ensemble des dix terres des bodhisattvas peuvent être dépassées, mais que les qualités de la terre des bouddhas sont proprement insurpassables.

– Bienheureux, comment se fait-il que de toutes les naissances dans le devenir, la naissance du bodhisattva soit dite éminemment suprême ?

– Parce qu'elle présente quatre qualités, Avalokiteshvara : elle permet l'accomplissement de la pureté parfaite des racines de bien ; le bodhisattva l'adopte sciemment ; elle s'accompagne d'une compassion qui prend tous les êtres sous sa coupe ; étant elle-même libre de toute affliction, elle permet d'en libérer complètement les autres.

– Bienheureux, pourquoi les bodhisattvas progressent-ils du fait de leurs immenses prières d'aspiration ? Pourquoi leurs prières sont-elles des meilleurs augures et pourquoi sont-ils animés par la force de l'aspiration ?

– Pour quatre raisons, Avalokiteshvara : les bodhisattvas sont experts à demeurer dans la félicité de l'au-delà de la souffrance ;

ils ont le pouvoir de l'atteindre rapidement ; s'étant détournés de cette prompte acquisition et du séjour dans la félicité, ils forment le vœu de longtemps supporter maintes souffrances dépourvues de causes et de nécessité pour le bien des êtres. Voilà pourquoi je dis qu'ils progressent du fait de leurs immenses prières d'aspiration, que leurs prières sont des meilleurs augures et qu'ils sont animés par la force de l'aspiration.

– Bienheureux, quelles sont les bases de l'entraînement des bodhisattvas ?

– Ce sont, Avalokiteshvara, la générosité, la discipline, la patience, la diligence, la concentration et la connaissance suprême.

– Bienheureux, quelles sont, de ces six vertus, celles qui constituent l'entraînement à l'éminente discipline ? Celles qui constituent l'entraînement de l'esprit éminent ? Et celles qui constituent l'entraînement à l'éminente connaissance[1] ?

– Sache, Avalokiteshvara, que les trois premières relèvent de l'entraînement à l'éminente discipline, que la concentration méditative relève de l'entraînement de l'esprit, et que la connaissance suprême relève de l'entraînement à l'éminente connaissance. Quant à la diligence, je dis qu'elle relève de tous les entraînements.

– Bienheureux, lesquelles de ces six bases de l'entraînement sont liées à l'accumulation des mérites, et lesquelles à l'accumulation de sagesse ?

– Avalokiteshvara, l'entraînement à l'éminente discipline représente l'accumulation de mérites, et l'entraînement à l'émi-

---

1. Les trois entraînements ou exercices en vue de l'Éveil qui regroupent l'ensemble des pratiques bouddhistes : l'entraînement à la discipline éminente (sk. *adhiśīlaśikṣa*, tib. *tshul khrims kyi bslab pa*) ; l'entraînement dans l'esprit éminent ou recueillement méditatif (sk. *adhicittaśikṣa* ou *samādhiśikṣa*, tib. *ting nge 'dzin gyi bslab pa*) qui concerne la culture de l'esprit ou méditation ; et l'entraînement à la connaissance éminente (sk. *prajñāśikṣa*, tib. *shes rab kyi bslab pa*) qui consiste à développer la connaissance par l'écoute, la réflexion et la méditation.

nente connaissance, l'accumulation de sagesse. Quant à la diligence et à la concentration méditative, je déclare qu'elles relèvent des deux accumulations.

— Bienheureux, comment les bodhisattvas s'exercent-ils à ces six bases de l'entraînement ?

— Avalokiteshvara, ils s'y exercent de cinq façons : pour commencer, ils cultivent une grande confiance dans la corbeille des bodhisattvas où la noble doctrine des six transcendances[1] est enseignée. Ensuite, selon les dix applications de la doctrine, ils accomplissent la connaissance suprême née de l'écoute, de la réflexion et de la méditation. Ils préservent l'esprit d'Éveil, suivent un ami spirituel et s'exercent en pratiquant continuellement dans le sens du bien.

— Bienheureux, pourquoi y a-t-il précisément six bases d'entraînement ?

— Pour deux raisons, Avalokiteshvara : parce qu'elles sont utiles aux êtres et parce qu'elles constituent l'antidote des passions. Trois de ces vertus sont utiles aux êtres, et les trois autres sont des antidotes aux passions.

Ainsi, les bodhisattvas sont utiles aux êtres en leur procurant par la générosité tout ce dont ils ont besoin ; ils sont utiles aux êtres parce que la discipline leur évite de répandre spoliations, blessures et mépris ; ils sont utiles aux êtres du fait de la patience qui leur permet d'oublier les spoliations, les blessures et le mépris dont ils sont l'objet. Ces trois vertus leur permettent ainsi d'être utiles aux êtres.

La diligence leur permet de faire le bien en dissipant les passions et en les surmontant, de sorte qu'elles n'ont plus le pouvoir de les détourner des pratiques vertueuses. La concentration méditative leur permet de complètement supprimer les passions. Et la connaissance suprême leur permet de détruire

---

1. Tib. *pha rol tu phyin pa*, sk. *pāramitā* : les activités ou vertus transcendantes, parfois traduites par «les perfections», que notre texte désigne plus haut par l'expression «six bases de l'entraînement» (tib. *bslab pa'i gzhi drug*)

complètement les tendances latentes[1]. Ces trois vertus sont donc des antidotes aux passions.

– Bienheureux, pourquoi y a-il quatre autres vertus transcendantes ?

– Elles sont là, Avalokiteshvara, pour assister les six transcendances. Ayant fait le bien des êtres au moyen de trois d'entre elles, le bodhisattva pratique la vertu en devenant expert dans les méthodes habiles qui lui permettent d'attirer les êtres[2]. Voilà pourquoi j'enseigne que la transcendance de l'habileté dans les méthodes est l'assistante des trois premières transcendances.

Avalokiteshvara, si, dans cette vie, le bodhisattva ne peut pas méditer continuellement parce qu'il a beaucoup de passions, et si sa réflexion manque de force parce que sa constitution et sa motivation sont inférieures, il sera incapable de calmer son esprit. Il ne pourra pas parfaitement cultiver l'absorption méditative ayant pour objet ce qu'il a entendu dans les enseignements de la corbeille des bodhisattvas, et il ne pourra pas effectivement réaliser la connaissance suprême qui transcende le domaine mondain. Comme il a cependant bien acquis une certaine quantité de mérites, il forme le souhait de restreindre ses passions à l'avenir : telle est la vertu transcendante de l'aspiration qui lui permettra de réduire ses passions et d'accroître sa diligence. Voilà comment la vertu transcendante de l'aspiration est l'alliée de la vertu transcendante de la diligence.

Il se fie alors à des êtres saints et l'écoute de la noble doctrine lui permet d'acquérir l'attention nécessaire. Il résout ainsi les déficiences de sa réflexion, laquelle se renforce grâce à l'excellence de sa constitution. Telle est la transcendance de la force, qui lui permet de calmer son esprit. Voilà comment la

---

1. *anuśaya* (tib. *bag la nyal*) : les tendances latentes ou les conditionnements qui reposent dans l'*ālayavijñāna*, produits des habitudes antérieures et causes de la future émergence de passions analogues.

2. Il s'agit des *catuḥsaṃgrahavastu* (tib. *bsdu ba'i dngos po bzhi*), les quatre « attraits » : la générosité, les paroles agréables, des enseignements appropriés à ceux que l'on « attire » à soi, et l'observation d'une conduite conforme au *Dharma*.

vertu transcendante de la force est l'alliée de la vertu transcendante de la concentration.

Enfin, le bodhisattva médite soigneusement sur ce qu'il a entendu dans les enseignements de la corbeille des bodhisattvas jusqu'à la maîtrise de la concentration. Ainsi se révèle la vertu transcendante de la sagesse qui lui permettra d'actualiser la connaissance suprême qui transcende le monde. Voilà pourquoi j'ai enseigné que la vertu transcendante de la sagesse est l'alliée de la vertu transcendante de la connaissance suprême.

– Bienheureux, pourquoi les six vertus transcendantes sont-elles énoncées dans l'ordre que nous connaissons ?

– Pour la raison, Avalokiteshvara, qu'elles servent chacune de point d'appui à des accomplissements plus élevés. Le bodhisattva qui n'a cure de son corps et de ses biens accède à la discipline authentique. Qu'il préserve la discipline avec soin et il maîtrisera la patience. S'il est doué de patience, il sera diligent. S'il cultive la vertu de diligence, il accomplira la concentration, et s'il maîtrise la concentration, il atteindra la suprême connaissance qui transcende le mondain.

– Bienheureux, sous combien d'aspects les vertus transcendantes se présentent-elles ?

– Chacune, Avalokiteshvara, en présente trois.

Les trois aspects de la générosité sont le don du Dharma, le don d'objets matériels et le don de la protection contre la peur.

Les trois aspects de la discipline sont le rejet des actes négatifs, la pratique des vertus et le dévouement au bien des êtres.

Les trois aspects de la patience sont la patience qui supporte les maux infligés, la patience de ne pas prendre en considération ses propres souffrances, et la patience de supporter le sens profond du Dharma.

Les trois aspects de la diligence sont la diligence semblable à une armure, la diligence dans la vertu et la diligence dans l'altruisme.

Les trois aspects de la concentration méditative sont la concentration ancrée dans la félicité, l'absence de constructions mentales et la sérénité, laquelle contrecarre les passions et les souffrances; la concentration qui révèle les qualités; et la concentration qui accomplit effectivement le bien des êtres. Les trois aspects de la connaissance suprême sont la connaissance portant sur la réalité superficielle, celle qui porte sur la réalité absolue, et celle qui a pour objet le bien des êtres.

– Bienheureux, pourquoi ces vertus sont-elles dites "transcendantes"?

– Pour cinq raisons, Avalokiteshvara : parce qu'on n'y trouve pas d'attachement, pas d'espoir de retour, pas d'éléments reprochables, pas de constructions mentales et parce qu'elles s'accompagnent toujours d'une dédicace parfaite. L'absence d'attachement désigne ici l'absence d'attachement particulier à ce qui ne va pas dans le sens des vertus transcendantes. L'absence d'un espoir de retour n'est autre que l'absence d'attachement au fruit des transcendances et à la jouissance de leurs bienfaits. Leur irréprochabilité vient de ce que les transcendances ne se mêlent pas aux afflictions et se tiennent à l'écart de tout ce qui n'est pas méthode habile. L'absence de constructions mentales consiste à ne pas se saisir des caractéristiques propres aux transcendances et à ne pas les prendre à la lettre. La dédicace parfaite, c'est l'aspiration au Fruit atteint par les bodhisattvas qui ont accompli et accumulé ces vertus transcendantes.

– Bienheureux, quels sont les facteurs contraires aux vertus transcendantes?

– Sache, Avalokiteshvara, qu'il y en a six : considérer l'amour des choses désirables, les possessions matérielles, le pouvoir et ses propres mérites comme des qualités enviables; user du corps, de la parole et de l'esprit selon ses désirs; ne pas supporter le mépris; se complaire dans la facilité; s'adonner aux divertissements, à toutes les activités mondaines et aux distractions; et considérer les élaborations conventionnelles de la conscience liées à la vue, à l'écoute et aux discriminations comme des qualités enviables.

– Bienheureux, quels sont les effets du mûrissement des transcendances?

– Sache, Avalokiteshvara, qu'ils sont six : l'abondance de biens ; le cheminement vers des destinées agréables ; l'absence d'inimitiés et de conflits, le bonheur, l'abondance des plaisirs ; le gouvernement des êtres ; l'absence de blessures physiques ; et la renommée que confère une grande puissance.

– Bienheureux, quels sont les phénomènes affligés susceptibles de se mêler à ces vertus transcendantes ?

– Il s'agit, Avalokiteshvara, des quatre applications inadéquates : l'application dépourvue de compassion ; l'application inappropriée ; l'application inconstante ; et l'application irrespectueuse. Une application est inappropriée relativement aux autres transcendances lorsqu'on néglige de cultiver les transcendances autres que celle que l'on est en train d'appliquer.

– Bienheureux, qu'est-ce qui n'est pas méthode habile ?

– Avalokiteshvara, lorsqu'un bodhisattva usant des vertus transcendantes croit aider les êtres en se contentant de les satisfaire sur le plan matériel, sans chercher à les élever au-dessus de la non-vertu pour les établir dans la vertu, sa pratique n'est pas une méthode habile.

En effet, Avalokiteshvara, on ne saurait aider réellement les êtres par ce seul moyen. Qu'importe la taille d'un tas d'immondices : on ne lui donnera jamais une odeur agréable. De même, il est impossible de faire le bonheur des êtres affectés par la souffrance inhérente aux facteurs de composition en leur procurant seulement des biens matériels, aussi nombreux soient-ils. Par contre, tout ce qui peut les établir dans la vertu est réellement d'un bienfait suprême.

– Bienheureux, combien de types de puretés les vertus transcendantes comportent-elles ?

– Avalokiteshvara, je ne dirai pas que les vertus transcendantes présentent d'autres puretés que les cinq puretés que nous venons de voir[1]. Cependant, je vais à partir d'elles t'ex-

---

1. Pas d'attachement, pas d'espoir de retour, irréprochabilité, pas de constructions mentales et parfaite dédicace.

pliquer les puretés communes et particulières des transcendances.

Sache qu'il y a sept puretés communes à toutes les vertus transcendantes : les bodhisattvas ne font pas de ces pratiques un moyen de profiter des autres ; ils n'ont ni attachement ni croyance à l'endroit de ces pratiques ; ils n'ont pas d'hésitations à leur sujet et ne doutent pas qu'elles les mèneront à l'Éveil ; ils ne se vantent pas, guère plus qu'ils ne déprécient ou méprisent les autres ; ils ne sont ni arrogants ni négligents ; ils ne se contentent pas de réalisations mineures ou inférieures ; ils ne se montrent pas avares d'enseignements et ne sont point jaloux des autres.

Sache que chaque transcendance présente par ailleurs sept puretés particulières. Voici les sept puretés particulières à la générosité : le don pur consiste en l'offrande de choses parfaitement pures[1], la pratique du don pur associée à la pureté de la discipline, à la pureté de la vue[2], à la pureté de l'esprit, à la pureté de la parole, à la pureté de la connaissance et enfin à la pureté qui dissipe toute souillure. Telles sont les sept puretés de la générosité que le bodhisattva observe et maintient soigneusement.

Les bodhisattvas qui ont adopté les préceptes de discipline sont experts dans toutes les bases de l'entraînement ; ils sont habiles à surmonter les chutes ; ils observent une discipline déterminée ; ils observent une ferme discipline ; ils l'appliquent constamment ; ils s'y adonnent continuellement ; ils appliquent soigneusement les bases de l'entraînement, et cet apprentissage constitue la septuple pureté de la discipline.

---

1. Ici, la pureté du don concerne la chose offerte : il ne doit pas s'agir d'offrandes souillées, d'armes, etc.

2. Un don selon la pureté de la vue est un don effectué dans l'esprit de la vacuité des trois pôles de l'action : vacuité du donateur, vacuité de l'objet du don, vacuité de l'acte de donner. Tout autre don, aussi fabuleux soit-il, s'il est empreint d'espoirs et de craintes, est un don impur.

Fermement convaincus de la rétribution des actes, ils ne sont plus troublés lorsque toutes sortes de maux s'abattent sur eux ; pour les contrer, ils n'ont plus recours au blâme, aux reproches, à la violence physique ou à la menace ; ils ne nuisent plus aux autres par la dénonciation ; ils ne cultivent plus le ressentiment ; lorsqu'ils se confessent, nulle passion ne les trouble ; ils ne tardent jamais à se confesser ; ils ne pratiquent pas la patience par peur ou par soif de gains ; ils ne rejettent pas les actes bénéfiques. Tels sont les sept aspects de la patience pure.

Les bodhisattvas connaissent l'équilibre parfait dans la diligence ; quand ils pratiquent la diligence, ils ne se louent pas eux-mêmes et ne blâment pas autrui ; ils manifestent des pouvoirs ; ils sont pleins d'énergie ; ils sont enjoués ; ils sont fermes dans la discipline ; ils ne renoncent jamais à l'effort dirigé vers le bien. Tels sont les sept aspects de la diligence.

Les bodhisattvas s'absorbent dans un recueillement méditatif où ils comprennent correctement les caractéristiques ; dans un recueillement absolument parfait ; dans un recueillement sur les deux aspects des phénomènes[1] ; dans un recueillement qui émerge puissamment ; dans un recueillement dynamique ; dans un recueillement souple et dans un recueillement incommensurable qui a pour objet la corbeille des bodhisattvas. Tels sont les sept aspects de la concentration méditative pure.

La connaissance suprême permet aux bodhisattvas de parvenir au renoncement sur la voie médiane en évitant les extrêmes de la surestimation et de la sous-estimation. Cette même connaissance suprême leur permet de connaître à la perfection et tel quel le vrai sens des trois portes de la délivrance : la vacuité, l'absence de souhaits et le sans-caractéristiques ; de connaître à la perfection, tel quel, le vrai sens des trois natures[2] :

---

1. Les attributs ou caractéristiques des phénomènes d'une part, et leur ainsité d'autre part.
2. Les « trois caractéristiques » (tib. *mtshan nyid gsum*, sk. *trilakṣaṇa*) sont ici appelées « trois natures » (tib. *ngo bo nyid gsum*, sk. *trisvabhāva*).

le purement imaginaire, le dépendant et le parfaitement établi ; de connaître à la perfection, tel quel, le vrai sens de l'absence d'essence, autrement dit l'absence d'essence des caractéristiques, l'absence d'essence de la production et l'absence d'essence de la réalité absolue ; de connaître à la perfection, tel quel, le vrai sens de la réalité superficielle qui fait l'objet des cinq sciences[1] ; de connaître à la perfection, tel quel, le vrai sens de la réalité absolue, soit les sept aspects de l'ainsité ; enfin, longuement fixés sur le mode unique dépourvu de concepts et de proliférations, la vision éminente qui porte sur les innombrables doctrines intégrées leur permet d'accomplir effectivement la pratique des enseignements conformes au Dharma. Tels sont donc les sept aspects de la pure connaissance suprême.

– Bienheureux, quelles sont les activités propres aux cinq puretés ?

– Avalokiteshvara, elles présentent cinq aspects : comme ils n'ont plus d'attachements, les bodhisattvas s'exercent continuellement dans cette vie aux vertus transcendantes et s'y appliquent avec beaucoup de soin. Comme ils n'ont pas d'espoir de retour, ils nourrissent les causes d'un soin attentif qui se poursuit dans leurs vies suivantes. Comme ils sont irréprochables, ils parfont les vertus transcendantes et accomplissent une méditation parfaitement purifiée et parfaitement pure. Comme ils ne créent plus de constructions mentales, ils sont experts en méthodes habiles et parachèvent promptement les transcendances. Comme ils se dédient complètement au bien d'autrui dans toutes leurs existences jusqu'à l'insurpassable Éveil authentique et parfait, ils acquièrent d'inépuisables vertus transcendantes conjointes au Fruit de rétribution souhaité.

– Bienheureux, quelle est l'immensité des vertus transcendantes ?

---

1. Tib. *rig pa'i gnas lnga* : philosophie, logique, grammaire, médecine et techniques artisanales.

– Avalokiteshvara, elle s'exprime dans le non-attachement, l'absence d'espoir et la complète dédicace.

– En quoi sont-elles libres des afflictions universelles ?

– En ce que, irréprochables, elles ne procèdent pas par fictions discriminantes.

– Quels en sont les purificateurs ?

– Le discernement et l'activité qui s'ensuit.

– En quoi sont-elles inébranlables ?

– Par le réel absolument incorruptible que connaissent ceux qui sont entrés dans les terres.

– En quoi consiste leur absolue pureté ?

– Avalokiteshvara, elle comprend tout ce qui relève de la dixième terre et de la terre des bouddhas.

– Pour quelle raison, Bienheureux, les bodhisattvas sont-ils en permanence gratifiés du fruit de complète maturation des vertus transcendantes sans même avoir cherché à l'atteindre, et pourquoi sont-ils parés des vertus transcendantes sans même les rechercher ?

– Parce que, Avalokiteshvara, ils cultivent les accomplissements de chaque terre en prenant appui sur la précédente.

– Bienheureux, pour quelle raison les bodhisattvas qui s'établissent dans les vertus transcendantes ne s'établissent-ils pas avec convoitise dans leur fruit complètement mûr ?

– Pour les cinq causes suivantes, Avalokiteshvara : les vertus transcendantes sont la cause d'un bonheur et d'une allégresse beaucoup plus sublimes ; elles sont la cause de bienfaits pour soi-même et pour les autres ; elles sont la cause, pour les vies futures, du fruit complètement mûr souhaité ; elles forment une base dépourvue de toute affliction ; et elles relèvent de l'immuable réalité.

– Bienheureux, quels sont les différents pouvoirs des transcendances ?

– Sache, Avalokiteshvara, qu'ils sont quatre : en cultivant les vertus transcendantes, les bodhisattvas se libèrent complètement des obstacles de l'avarice, du manque de discipline, de l'agitation mentale, de la paresse, de la distraction et de toutes les opinions; ils atteindront l'insurpassable Éveil authentique et parfait, et dès cette vie, ils œuvreront à leur propre bien et à celui des autres; dans leurs vies futures, ils atteindront le fruit de rétribution souhaité, lequel sera aussi vaste qu'inépuisable.

– Bienheureux, quelles sont les causes des vertus transcendantes? Quels sont leurs effets? Et quel est leur but?»

Le Bienheureux répondit :

«Avalokiteshvara, les vertus transcendantes ont pour cause principale la compassion; pour effets, elles portent en elles la promesse du fruit de la vaste rétribution souhaitée et du fruit qui comble les êtres de tous les bienfaits; et pour vaste but l'accomplissement parfait du Grand Éveil.

– Bienheureux, si les bodhisattvas disposent de tous les biens sans même les rechercher et s'ils sont compatissants, comment peut-il y avoir de la pauvreté dans le monde?

– Avalokiteshvara, elle est uniquement due aux propres actes des êtres. S'il n'en était pas ainsi, si les fautes commises par les êtres ne finissaient pas par se dresser en obstacles, ils pourraient indéfiniment poursuivre leurs méfaits en jouissant de biens inépuisables. Et dans ce cas, comment la souffrance serait-elle possible dans le monde?

Avalokiteshvara, il en est comme des esprits avides torturés par la soif qui voient une étendue aride en lieu et place de la mer : ce n'est certes pas la faute de la mer. Ce mal est le résultat des actes qu'ils ont eux-mêmes commis. De même, l'absence de bons effets n'est pas la faute de la générosité des bodhisattvas qui est aussi vaste que l'océan, mais bien la faute des êtres animés qui, comme les esprits avides, essuient les maux de leurs propres actes.

– Bienheureux, quelle est la vertu transcendante qui permet aux bodhisattvas de saisir l'absence d'essence des phénomènes?

– Avalokiteshvara, ils la saisissent avec la connaissance transcendante.

– Bienheureux, s'ils saisissent l'absence d'essence avec la connaissance transcendante, comment se fait-il que cette saisie ne s'accompagne pas elle-même d'une essence?

– Avalokiteshvara, je ne veux pas dire que c'est une "essence" qui saisit l'absence d'essence. Néanmoins, comme il n'est pas possible d'enseigner cette indicible autoréalisation de l'absence d'essence sans recourir au langage, j'ai usé de l'expression "saisir l'absence d'essence".

– Bienheureux, il est parfois question de transcendance, de transcendance approchante et de grande transcendance : que doit-on entendre, Bienheureux, par transcendance, transcendance approchante et grande transcendance?

– Avalokiteshvara, il y a des bodhisattvas qui pratiquent la générosité et les autres vertus en les cultivant intensément depuis des temps incommensurables. Ils n'ont cependant pas encore la capacité de dominer les passions lorsqu'elles surgissent, et ce sont leurs passions qui les dominent. La "transcendance" désigne alors le fait que, encore au niveau de l'aspiration, celle-ci n'est guère que faible ou moyenne.

Il en est d'autres qui pratiquent les vertus en les cultivant plus intensément encore pendant une autre période incommensurable. Ceux-là dominent les passions qui peuvent surgir et ne sont plus emportés par elles. Cette maîtrise, qui débute avec la première terre, est dite "transcendance approchante".

Il y a enfin des bodhisattvas qui pratiquent les vertus en les cultivant jusqu'à la perfection pendant une autre période incommensurable. Ils ne sont plus sujets à quelque passion que ce soit. Cette maîtrise, qui débute à la huitième terre, porte le nom de "grande transcendance".

– Bienheureux, combien y a-t-il de passions latentes sur les terres?

– Il y en a trois, Avalokiteshvara. La première s'appelle "destruction de l'assistant" : en effet, les passions innées sont habituellement assistées par les passions conceptuelles, mais ces dernières disparaissent au fil des cinq premières terres. Ainsi peut-on parler de passions latentes dont les assistants sont détruits.

Viennent ensuite les passions latentes de faible pouvoir : sur la sixième et la septième terres, il y a tout à la fois des surgissements subtils et des surgissements que la méditation peut détruire.

Viennent enfin les passions latentes subtiles : sur la huitième terre et les suivantes, les passions ne surgissent plus du tout ; seuls subsistent les voiles cognitifs subtils.

– Bienheureux, quels sont les stades de l'élimination des pesanteurs que représentent ces latences ?

– Il y en a trois, Avalokiteshvara : d'abord l'élimination des pesanteurs qui se trouveraient comme à la surface de la peau et qui concerne les deux premières catégories de latences. Ensuite l'élimination des pesanteurs qui seraient comme logées sous la peau et qui concerne la troisième catégorie de latences. Et enfin l'élimination des pesanteurs qui seraient comme logées dans la moelle, laquelle se produit quand il n'y a plus du tout de passions latentes, stade que j'ai dénommé "terre des bouddhas".

– Bienheureux, en combien d'ères cosmiques démesurées se dégage-t-on de ces pesanteurs ?

– En trois ères cosmiques démesurées, Avalokiteshvara, ou encore en un nombre démesuré de saisons, de mois, de quinzaines, de jours, de journées, de sessions, demi-sessions, d'instants, de brefs instants, de micro-instants, voire d'ères cosmiques.

– Bienheureux, quelles sont les caractéristiques de l'émergence des passions chez les bodhisattvas de ces terres ? Quels sont leurs défauts ? Quelles sont leurs qualités ?

– Avalokiteshvara, chez les bodhisattvas, l'émergence des passions est caractérisée par l'absence d'affliction. Pourquoi ? Parce que les bodhisattvas de la première terre ont parfaitement et entièrement réalisé la dimension du Réel avec discernement et en toute certitude. Il en résulte que les passions des bodhisattvas naissent non plus dans l'inconscience mais dans un état de vigilance. Telle est donc leur caractéristique : l'absence d'affliction. Comme rien ne peut produire de souffrance dans le continuum psychique des bodhisattvas, ils n'ont pas de défauts. Et comme ils sont la cause même de l'éradication des souffrances répandues dans les mondes d'êtres, leurs qualités sont illimitées.

– Bienheureux, si, en matière de racines de vertu, les bodhisattvas éclipsent les êtres animés, les auditeurs et les bouddhaspar-soi par le seul mode d'émergence de leurs passions, est-il besoin de préciser que ce sera forcément le cas pour leurs autres qualités ? La grandeur du dessein de l'Éveil est vraiment merveilleuse !

Bienheureux, vous avez déclaré que le Véhicule des Auditeurs et le Grand Véhicule formaient un véhicule unique : quelle était alors votre intention ?

– Avalokiteshvara, l'essentiel des enseignements que j'ai révélés dans le Véhicule des Auditeurs, à savoir les agrégats, les six sources internes des sens, les six sources externes des sens, et ainsi de suite, je l'ai aussi présenté dans le Grand Véhicule sous le mode unique de la dimension du Réel et je me suis bien gardé de déclarer qu'il s'agissait de véhicules distincts. Toutefois, parmi ceux qui se font une idée de mes enseignements sur la seule base des textes, il en est qui en rajoutent, d'autres qui simplifient, mais tous admettent l'idée qu'il s'agit là de véhicules distincts[1]. C'est à leur intention que j'ai fait état d'un "véhicule unique", pour mettre fin à l'esprit de contradiction qui les anime et à leurs disputes. »

Alors le Bienheureux prononça ces stances :

« Dans le Grand et le Petit Véhicules,
J'ai enseigné des doctrines de diverses natures

---

1. D'où la distinction à caractère polémique entre « petit véhicule » et « grand véhicule ».

137

Que j'ai également présentées sous un mode unique,
En me gardant bien de proclamer des véhicules distincts.

Ceux qui s'attachent au sens littéral et aux constructions
    mentales
Ont exagéré ces enseignements ou les ont diminués.
Ceux qui sont persuadés que ces véhicules sont contradic-
    toires
Se font toutes sortes d'idées confuses.

Les terres en abrégé, leurs noms, leurs opposés,
Leur émergence particulière, les vœux d'aspiration et les
    entraînements :
Voilà le Grand Véhicule qu'enseignent les bouddhas.
Ceux qui s'y exercent seront des bouddhas.»

Le bodhisattva Avalokiteshvara dit alors au Bienheureux :
«Bienheureux, quel est le nom de cet enseignement qui
révèle clairement votre intention? Sous quel titre le retiendra-
t-on?»
    Le Bienheureux répondit :
«Avalokiteshvara, il s'agit d'un enseignement sur le sens
définitif des terres et des vertus transcendantes. Retiens-le donc
sous le titre d'"Enseignement sur le sens définitif des terres et
des transcendances".»
    Au cours de l'explication de cet enseignement sur le sens
définitif des terres et des transcendances, soixante-quinze mille
bodhisattvas atteignirent le recueillement des bodhisattvas qui
manifeste le Grand Véhicule.

    Ici s'achève le neuvième chapitre, suscité par Avalokite-
shvara.

Chapitre X

Le bodhisattva Mañjushrî demanda alors au Bienheureux :

« Il est question, Bienheureux, du Corps absolu des tathâgatas, mais quelle est sa caractéristique essentielle ? »

Le Bienheureux répondit :
« Mañjushrî, le Corps absolu des tathâgatas a pour caractéristique essentielle l'accomplissement parfait de la révolution du support, lequel est la sortie assurée par la culture extrême des transcendances dans les terres.

Sache qu'il a en outre d'inconcevables caractéristiques pour deux raisons : il est libre de proliférations et d'activités créatrices manifestes, tandis que les êtres ordinaires restent attachés à la réalité des proliférations mentales et des activités créatrices manifestes.

— Dans ce cas, Bienheureux, peut-on affirmer que la révolution du support des Auditeurs et des Bouddhas-par-soi est le Corps absolu ?

— Il ne le faut pas, Mañjushrï.

— De quoi s'agit-il alors, Bienheureux ?

— D'un corps de libération. Sous l'aspect du corps de libération, Mañjushrî, les tathâgatas, les Auditeurs et les Bouddhas-par-soi sont égaux et semblables. Le Corps absolu est éminemment sublime. Et si le Corps absolu est éminemment sublime, ses qualités infinies le sont aussi — ce qu'un exemple pourrait difficilement illustrer.

— Bienheureux, comment faut-il comprendre que les tathâgatas puissent naître ?

— Mañjushrî, le Corps d'apparition a les mêmes caractéristiques que l'émergence du domaine des mondes. Considère les caractéristiques du Corps d'apparition comme si elles étaient bénies par toutes les formes et ornementations qui parent les qualités d'un tathâgata qui se manifeste. Quant au Corps absolu, il ne procède à rien de tel que la naissance.

— Bienheureux, comment faut-il voir les méthodes habiles qui révèlent le Corps d'apparition ?

— Mañjushrî, le Corps d'apparition est révélé par l'habileté dans les moyens, laquelle consiste à prendre corps dans tous les champs de bouddhas d'un milliard de mondes au sein d'une famille réputée pour sa puissance ou sa générosité, à y naître, y grandir, y jouir des plaisirs des sens, puis à quitter la demeure familiale pour s'adonner ensuite ouvertement aux austérités avant d'y renoncer pour enseigner finalement les étapes qui mènent à l'Éveil manifeste et parfait.

— Bienheureux, les Corps investis des bénédictions des tathâgatas permettent à ces derniers de dispenser des enseignements oraux qui amènent les disciples immatures à maturité et libèrent ceux qui sont mûrs. De quels types d'expression disposent-ils pour mener à bien cette tâche ?

— Mañjushrî, les tathâgatas dispensent trois types d'enseignements oraux : les Discours, la Discipline et les Matrices[1].

---

1. Les *mātṛkā* (tib. *ma mo*) ou « matrices » désignent ici les textes-sources des *Abhidharma*. Nous avons donc les *Sūtra*, les *Vinaya* et les *Abhidharma*. Il se pourrait que l'on appelle ici les *Abhidharma* des « matrices » parce qu'ils constituent des outils de « mesure » de la compréhension des phénomènes du point de vue de la sagesse.

— Que sont, Bienheureux, les Discours ? la Discipline ? les Matrices ?

— Voici, Mañjushrî : tout ce que j'ai pu enseigner et que l'on rassemble sous la rubrique des doctrines, qu'on les regroupe en quatre, neuf ou vingt-neuf sujets, constitue la catégorie des Discours.

Que sont les quatre sujets ? Les sujets de l'écoute, de la prise de refuge, de l'entraînement et de l'Éveil.

Que sont les neuf sujets ? La désignation des êtres animés, leurs ressources, leur origine, leurs conditions de naissance, leurs afflictions, leur purification, leur variété, le maître et l'enseignement.

Que sont les vingt-neuf sujets ? Les sujets ayant trait aux phénomènes souillés comprennent l'assemblage des facteurs de composition ; leur enchaînement successif ; comment les composés appelés "personnes" sont cause de naissances ultérieures ; comment les composés appelés "phénomènes" sont cause de productions ultérieures.

Les sujets ayant trait au purifié sont les suivants : les objets à considérer dans la méditation ; l'effort à leur consacrer ; la condition des êtres animés ; atteindre le bonheur dans cette vie ; les méthodes habiles permettant de s'affranchir de toutes les souffrances ; la connaissance parfaite, qui est triple : la connaissance parfaite de la base de la méprise, la connaissance parfaite des fondements erronés des philosophes étrangers au Dharma — à commencer par la notion d'être vivant[1] — et la connaissance parfaite de la base dénuée de présomptions des pratiquants du Dharma.

Les sujets suivants concernent la méditation : la base de la méditation ; son actualisation ; la méditation elle-même ; sa pratique essentielle ; ses aspects ; ses objets ; l'habileté à discerner ce qui doit être abandonné et ce qui ne doit pas l'être ; la

---

1. La notion d'être vivant existant réellement, comme un «soi» autonome et durable.

distraction ; la non-distraction ; l'absence complète de distraction ; l'élimination des freins relatifs à la méditation ; les bienfaits de la méditation ; sa stabilité ; le résumé sur la souveraineté
des êtres sublimes ; le rassemblement des êtres sublimes avec
leur entourage ; la réalisation complète du Tel Quel ; l'authentique passage au-delà de la souffrance ; la prééminence des
vues correctes sur la discipline à adopter dans le monde par
rapport aux vues correctes de tous les systèmes extérieurs au
Dharma ; et enfin la déchéance qu'entraîne le manque de
méditation. En effet, Mañjushrî, pour ce qui est de l'enseignement de la discipline correcte, c'est le manque de méditation
et non un défaut de la Vue qui est à l'origine de toute
déchéance.

Mañjushrî, j'ai donné tout un enseignement sur la libération individuelle des Auditeurs et des bodhisattvas, et sur tous
les aspects de l'observance de ces vœux de libération individuelle : cet enseignement forme le sujet de la Discipline.

– Bienheureux, combien la libération individuelle des
bodhisattvas présente-t-elle d'aspects ?

– Sept, Mañjushrî : l'enseignement sur les rituels correctement exécutés ; l'enseignement sur des choses comme les
causes de la déchéance[1] ; l'enseignement sur des choses comme
les causes de chute ; l'enseignement sur la nature des chutes ;
l'enseignement sur la nature de ce qui n'est pas une chute ;
l'enseignement sur la sortie des chutes ; l'enseignement sur
l'abandon des préceptes.

Mañjushrî, les Matrices rassemblent tout ce que j'ai expliqué, distingué et enseigné en l'espèce des onze types de caractéristiques. Quelles sont ces onze caractéristiques ? Les

---

1. Les quatre fautes entraînant déchéance, propres au Mahâyâna, sont : 1) l'attachement aux biens et à la renommée, se glorifier en abaissant autrui ; 2) par avarice, refuser de donner aux êtres des biens matériels ou, pire, l'enseignement ;
3) frapper les êtres ou leur parler durement dans un esprit agressif ; 4) déprécier le
canon des bodhisattvas et enseigner de fausses doctrines.

caractéristiques de la réalité conventionnelle; de la réalité absolue; des phénomènes à contempler – les auxiliaires de l'Éveil; les caractéristiques de l'Éveil sous ses différents aspects; celles de sa nature essentielle; de son fruit; de l'expérience que l'on en fait; des phénomènes qui l'interrompent; des phénomènes qui vont dans le sens de l'Éveil; des inconvénients des obstacles; et enfin les caractéristiques des bienfaits de l'Éveil.

Mañjushrî, la caractéristique de la réalité conventionnelle revêt à son tour trois aspects : l'enseignement sur l'individu; l'enseignement sur le purement imaginaire; et enfin l'enseignement sur les activités des phénomènes, leurs mouvements et leurs œuvres.

Considère de même que la réalité absolue a pour caractéristique essentielle l'enseignement sur les sept ainsités.

Considère que les objets ont pour caractéristique l'enseignement sur tous les objets de connaissance possibles.

Considère que les "aspects" ont pour caractéristique l'enseignement sur les huit éléments de l'analyse : la vérité, la thèse, les défauts, les qualités, les modes, l'application, le raisonnement, le résumé et l'exposé développé.

La vérité est ce qu'est l'ainsité.

La thèse comprend l'établissement de l'individu; l'établissement du purement imaginaire; l'affirmation catégorique; les distinctions; la réponse à une question; l'affirmation d'une position; la réponse au caché et à l'ouvert.

Les défauts sont ceux que j'ai enseignés en grand nombre à propos des inconvénients que présentaient les phénomènes souillés par les afflictions.

Les qualités sont celles que j'ai révélées sous de multiples aspects en décrivant les bienfaits du purifié.

Les modes sont au nombre de six : le mode du sens absolu; le mode de réalisation; le mode d'instruction; le mode d'émancipation des deux extrêmes; le mode inconcevable et le mode intentionnel.

L'application a trait aux trois temps, aux trois caractéristiques des phénomènes composés et aux quatre conditions[1].

Sache que le raisonnement présente quatre aspects : le raisonnement selon la dépendance ; le raisonnement par l'accomplissement des fonctions ; le raisonnement qui prouve la valeur logique ; et le raisonnement selon la nature des choses.

Le raisonnement selon la dépendance porte sur les causes et les conditions qui se trouvent à l'origine des facteurs de composition et des désignations conventionnelles qui s'y attachent. Voilà le raisonnement selon la dépendance des phénomènes.

Le raisonnement par l'accomplissement des fonctions porte sur l'ensemble des causes et des conditions qui produisent un phénomène, le façonnent ou l'utilisent après sa production.

Le raisonnement qui prouve la valeur logique a trait à l'ensemble des causes et des conditions permettant d'établir le sens de la compréhension individuelle, ainsi que des explications et déclarations doctrinales.

Ce dernier raisonnement présente deux aspects : le correct et l'incorrect. Les caractéristiques du raisonnement correct sont au nombre de cinq et celles du raisonnement incorrect au nombre de sept.

Les cinq caractéristiques du raisonnement correct sont les suivantes : il porte sur des objets directement perçus ; il porte sur le contenu d'objets directement perçus ; des exemples adéquats peuvent l'illustrer ; il apporte une conclusion définitive ; il expose un enseignement conforme aux textes les plus authentiques.

Les objets directement perçus dans le monde ont pour caractéristique l'impermanence de tous leurs composants, le caractère douloureux de tous leurs composants et l'insubstan-

---

1. Tib. *rkyen bzhi* : condition causale, condition objective, condition dominante et condition immédiate.

tialité propre à tous les phénomènes. Tout ce qui correspond à ces critères relève des objets directement perçus.

La perception directe du raisonnement sur l'impermanence, fondée sur la momentanéité de tous les composants, l'existence d'autres mondes, la non-déperdition des actes vertueux et des actes non vertueux; la perception directe qui montre que la diversité des actes est à l'origine de la variété des êtres; la perception directe de ce que le bonheur et les souffrances des êtres découlent respectivement de leurs actes vertueux et non vertueux; l'inférence qui permet de connaître tout ce qui n'est pas directement perceptible, et tout ce qui relève de l'inférence constituent la caractéristique de la perception directe du contenu de ces phénomènes.

Sache que la caractéristique de l'exemple adéquat consiste à fournir des exemples de la mort, du transfert et de la naissance des composants intérieurs et extérieurs qui soient bien connus de tous; à produire des exemples de la souffrance de la naissance, du vieillissement, de la maladie et de la mort; à produire des exemples de l'absence d'autonomie des phénomènes; à produire des exemples universellement acceptés de la fortune et de l'infortune de l'existence, et tous les exemples du même ordre.

Sache que la conclusion définitive consiste à s'assurer que la caractéristique de la perception directe d'un phénomène, la caractéristique de la perception directe de son contenu et la caractéristique de la production d'un exemple adéquat concordent eu égard à ce qu'il faut établir.

Sache, Mañjushrî, que les enseignements dignes de confiance des Omniscients, comme «Le *nirvâna* est paix» et tout ce qui concorde avec de telles paroles, constituent la caractéristique de l'enseignement conforme aux textes les plus authentiques.

En conséquence, on se fiera au raisonnement correct et à l'analyse selon ces cinq critères.

– Bienheureux, sous combien d'aspects peut-on concevoir les Omniscients?

– Sous cinq aspects, Mañjushrî : quand un être omniscient se manifeste, son omniscience est proclamée de par le monde ; il est paré des trente-deux marques majeures des grands êtres ; ses dix forces lui permettent de trancher tous les doutes de tous les êtres ; les quatre intrépidités lui permettent de proclamer un Dharma qui n'offre aucune prise à la contradiction ni aux controverses suscitées par ses adversaires ; il expose l'octuple sentier des êtres sublimes et les quatre types d'entraînement à la vertu à qui peut être discipliné par le Dharma. Sache ainsi que cinq choses peuvent caractériser un Omniscient : son apparition, ses marques de beauté, sa force pour trancher les doutes, l'impossibilité de le contredire ou de discuter ses thèses et le fait qu'il incite les autres à pratiquer la vertu.

Ainsi, la connaissance valide de la perception directe, de l'inférence et de l'autorité scripturaire, et les cinq caractéristiques des Omniscients garantissent la validité du raisonnement logique qui établit le sens correct.

Quels sont les sept points qui caractérisent un raisonnement incorrect ?

L'usage d'un objet universel ; d'un objet unique en son genre ; d'un objet qui pourrait convenir à toutes choses ; d'un objet qui ne convient à aucune chose ; d'exemples inappropriés ; de choses qui ne prouvent rien ; et le recours à des enseignements que l'on trouve dans des textes inauthentiques.

Ainsi, la déclaration comme quoi : "Tous les phénomènes sont des objets de connaissance pour la conscience mentale" a le caractère d'un objet universel.

Déclarer que les caractéristiques contradictoires des données, des essences, des activités, des phénomènes, des causes et des effets non seulement s'opposent mais divergent, et qu'il est sûr que ce sont des caractéristiques discordantes, voilà bien la caractéristique des objets uniques en leur genre.

Mañjushrî, lorsque des objets uniques en leur genre figurent dans des exemples d'objets universels, il est improbable que l'on puisse combiner ces deux types d'objets dans la chose à prouver. Telle est la caractéristique de ce qui n'est pas rigoureusement prouvé.

De même, quand des objets universels figurent dans des exemples d'objets uniques en leur genre, il est tout aussi improbable que l'on puisse combiner ces deux types d'objets dans la chose à prouver. Voilà qui relève encore de la caractéristique de ce qui n'est pas rigoureusement prouvé.

Cette analyse logique est incorrecte puisque ces raisonnements ne sont pas parfaitement établis, et c'est bien pourquoi il ne faudra pas y recourir.

Sache enfin que les enseignements inspirés par des textes inauthentiques sont naturellement inauthentiques.

Que les Tathâgatas se manifestent ou non, leur doctrine perdure parce qu'elle participe de la dimension du réel. Tel est le raisonnement selon la nature des choses.

Les enseignements résumés et développés désignent une doctrine d'abord enseignée dans un bref et unique énoncé, puis expliquée de plus en plus dans le détail, dans le but d'en déterminer le sens définitif.

Les fixations de l'attention et les autres auxiliaires de l'Éveil qui permettent de saisir les objets et leurs aspects traitent de la caractéristique essentielle des choses.

Le fruit de l'élimination des passions associées aux domaines mondain et supramondain est l'accomplissement manifeste des qualités mondaines et supramondaines. Telle est l'acquisition du fruit.

La connaissance indéfectible et libératrice de l'ainsité permet de la dire aux autres, de la leur expliquer en la montrant précisément : ainsi cette expérience est-elle communiquée.

Tous les phénomènes souillés qui interrompent la méditation sur les auxiliaires de l'Éveil ont la caractéristique des phénomènes faisant obstacle à l'Éveil.

Tous les phénomènes qui favorisent cette méditation ont la caractéristique des auxiliaires de l'Éveil.

Tous les défauts créateurs d'obstacles ont la caractéristique des objets nuisibles à l'Éveil.

Sache enfin, Mañjushrî, que toutes les qualités des phénomènes conformes à l'Éveil constituent la caractéristique de ses bienfaits.»

Le bodhisattva Mañjushrî dit alors au Bienheureux :

«Puissiez-vous, Bienheureux, nous expliquer ce que les bodhisattvas doivent retenir pour pénétrer l'intention cachée de la profonde doctrine enseignée par le Tathâgata! Puissiez-vous exposer la quintessence, inconnue des non-bouddhistes, qu'il nous faudra retenir des Discours, de la Discipline et des Matrices des bodhisattvas!

– Écoute, Mañjushrî, je vais t'exposer ce que les bodhisattva doivent retenir pour pénétrer ce que j'ai dit à mots couverts.

Mañjushrî, tous les phénomènes affligés et purifiés sont immuables et dépourvus d'existence individuelle. C'est pourquoi j'ai enseigné que les phénomènes sont dépourvus de toute activité sous tous leurs aspects. Ainsi, les phénomènes "affligés" ne sont pas d'abord affligés puis complètement purifiés. Les phénomènes "purifiés" ne le deviennent pas après avoir été affligés.

Les êtres puérils ont des opinions qui les poussent à croire et à s'attacher à l'essence des phénomènes et à l'essence individuelle dans ce corps de pesanteurs. Ils se saisissent du "moi" et du "mien", ce qui leur permet de dire "je vois", "j'entends", "je sens", "je goûte", "je touche", "je connais", "je mange", "je fais", "je suis souillé", "je suis purifié", et, plongés dans la confusion, ils produisent des facteurs de compositions.

Ceux qui ont parfaitement compris la réalité telle quelle se dégagent entièrement de ce corps de pesanteurs, et toutes les passions ayant perdu leur soutien, ils atteignent un corps pur, libre d'élaborations, inconditionné et qui n'est le produit d'aucune action manifeste. Voilà, Mañjushrî, l'essentiel de ce qu'il convient de retenir.»

Alors le Bienheureux prononça ces stances :

«Les phénomènes affligés et les phénomènes purs
Sont tous dépourvus d'activité et d'existence individuelle.
J'ai donc expliqué que, inactifs,
Ils n'étaient pas d'abord affligés puis purifiés.

Ceux qui adhèrent aux opinions liées à ce corps de pesan-
teurs
S'attachent au moi et à ses objets
Et pensent que leur moi voit, mange, agit
Est affligé ou bien purifié.

Ceux qui connaissent la réalité telle quelle
Se dégagent de ce corps de pesanteurs,
Et acquièrent un corps pur, libre de toutes élaborations et
incomposé
Où les passions ne trouvent plus d'appui.»

«Bienheureux, comment faut-il comprendre qu'un tathâgata puisse "avoir des événements mentaux"?
— Mañjushrî, les catégories d'esprit, de mental et de
consciences ne s'appliquent pas aux tathâgatas. Sache plutôt
que le Tathâgata pense sans facteurs de compositions : sa pensée
évoque une apparition magique.
— Bienheureux, si le Corps absolu des tathâgatas est libre de
tout facteur de composition, comment les "événements
mentaux" sont-ils possibles en l'absence des facteurs de
composition?
— En raison, Mañjushrî, de facteurs de composition antérieurs, à savoir la méditation qui combine méthodes habiles et
connaissance suprême. Mañjushrî, il en est comme du sommeil
inconscient où aucun facteur de composition propre à l'état de
veille ne subsiste, et dont pourtant on s'éveille en raison des
facteurs de composition antérieurs. Bien qu'il ne s'y trouve
plus aucun facteur de composition permettant d'en sortir, c'est

par le pouvoir même des facteurs de composition antérieurs que l'on peut ressortir du recueillement de cessation[1]. Ainsi, sache que les événements mentaux du Tathâgata sont issus des facteurs de composition antérieurs produits lors de la méditation combinant méthodes habiles et connaissance suprême, tout juste comme l'esprit surgit du sommeil ou du recueillement de cessation.

– Bienheureux, les manifestations produites par les tathâgatas sont-elles pourvues d'un esprit ou non?

– Mañjushrî, on ne peut dire d'une apparition qu'elle a un esprit ou qu'elle n'en a pas; cet esprit n'a pas de pouvoir en lui-même car son pouvoir procède de l'esprit des tathâgatas.

– Bienheureux, quelle est la différence entre la "sphère d'activité" des tathâgatas et leur "domaine"?

– Mañjushrî, la sphère d'activité des tathâgatas, ce sont les champs de bouddhas très purs, dont les ornements sont les infinies et inconcevables qualités communes à tous les tathâgatas. Le domaine des tathâgatas, c'est l'ensemble des cinq domaines : les domaines des êtres animés, du monde, des choses, de la discipline et des méthodes de discipline. Telle est la différence.

– Quelles sont, Bienheureux, les caractéristiques de l'Éveil manifeste et parfait, des trois cycles d'enseignement et du grand passage dans l'au-delà de la souffrance des tathâgatas?

– La non-dualité, Mañjushrî. Il n'y a pas d'Éveil manifeste et parfait ni d'absence d'Éveil manifeste et parfait. Il n'y a pas de cycles d'enseignement ni d'absence de cycles d'enseignements. Il n'y a pas de grand passage dans l'au-delà de la souffrance ni d'absence de grand passage dans l'au-delà de la souffrance. Car, en effet, le Corps absolu est absolument pur et le corps d'apparition se manifeste toujours et partout.

---

1. Sk. *nirodhasamāpatti*, tib. *'gog pa snyom du 'jug pa* : le recueillement ou absorption de la cessation renvoie ici à des expériences méditatives de *nirvāṇa* temporaire, où les êtres sublimes se trouvent affranchis de toute influence et de toute activité samsarique.

– Bienheureux, comment se peut-il que les Corps d'apparition des tathâgatas permettent aux êtres qui les voient, les écoutent et les vénèrent d'engendrer des mérites?

– C'est, Mañjushrî, parce que le Tathâgata est un objet extraordinaire et que ses apparitions sont totalement investies de son pouvoir spirituel.

– Bienheureux, s'il semble que les tathâgatas ne dépendent pas des facteurs de composition, comment se fait-il que le suprême éclat de la sagesse qui illumine les êtres animés ne jaillisse que du Corps absolu des tathâgatas? S'il en jaillit aussi d'innombrables formes et apparitions, pourquoi celles-ci ne jailliraient-elles pas également du corps de libération des Auditeurs et des bouddhas-par-soi?

– Considère ces exemples, Mañjushrî : bien que dépourvus d'activité manifeste, le cristal d'eau et le cristal de feu transmettent aux êtres le grand éclat de la lune et du soleil grâce au savoir-faire des êtres et à leur travail assidu. Cette lumière ne jaillit pas des autres cristaux d'eau ou de feu. De même, c'est grâce à son travail de polissage soigné que l'expert en pierres précieuses fait émerger de la pierre l'image d'un sceau, ce que d'autres types de polissage ne sauraient produire. C'est donc parce que le Corps absolu des tathâgatas se trouve parfaitement accompli dans la souplesse de la méditation qui combine méthodes et connaissance suprême, et encore parce qu'il n'a d'autre "objet" que l'insondable dimension du Réel, qu'il en jaillit le suprême éclat de la sagesse ainsi que d'innombrables formes d'apparition. Celles-ci ne sauraient donc surgir de simples corps de libération.

– Quelle était votre intention, Bienheureux, lorsque vous avez déclaré que les bénédictions des tathâgatas et des bodhisattvas avaient le pouvoir de faire renaître dans un corps parfait : dans le monde du Désir comme un être humain, roi ou brahmane robuste comme un arbre à teck, ou comme un dieu du monde du Désir; de même dans les divines sphères des mondes de la Forme et du Sans-Forme?

– C'est bien grâce à leurs bénédictions, Mañjushrî, que les tathâgatas enseignent comme il se doit les voies et les pratiques qui permettent à ceux qui y recourent d'acquérir ces corps excellents à tous égards. Tous ceux qui mettent en œuvre ces voies et ces pratiques obtiendront ces corps excellents à tous égards. Tous ceux qui les repoussent et les dénigrent, ou qui les considèrent avec amertume et colère, hériteront après leur mort de toute une variété de corps affligés de mille maux. Ainsi donc, Mañjushrî, le pouvoir de bénédiction des tathâgatas se trouve non seulement à l'origine de ces corps excellents, mais aussi des corps affligés de mille maux.

– Bienheureux, qu'y a-t-il de plus courant et de plus rare dans les domaines mondains impurs ? Qu'y a-t-il de plus courant et de plus rare dans les domaines purs ?

– Mañjushrî, dans les domaines mondains impurs, huit choses sont très courantes et deux sont fort rares. On y trouve quantité de non-bouddhistes ; d'êtres souffrants ; d'êtres dont la lignée, le clan, l'extraction paternelle, la richesse et la pauvreté sont différents ; des êtres qui font le mal ; des êtres qui rompent leurs vœux ; des mauvaises destinées ; des adeptes du véhicule inférieur ; et des bodhisattvas dont l'esprit d'Éveil et la pratique sont médiocres. Très rares en revanche sont d'une part les bodhisattvas qui cultivent l'esprit d'Éveil et les pratiques les plus sublimes, et d'autre part l'avènement d'un tathâgata.

Dans les domaines purs, Mañjushrî, c'est tout le contraire : les huit premières choses sont très rares et les deux dernières fort courantes.»

Le bodhisattva Mañjushrî demanda alors au Bienheureux :

«Bienheureux, quel est le nom de cet enseignement qui révèle si clairement votre intention ? Et sous quel titre le retiendra-t-on ?»

Le Bienheureux répondit :

«Il s'agit, Mañjushrî, de l'enseignement sur le sens définitif des activités des tathâgatas. Retiens-le donc sous le titre d'"Enseignement sur le sens définitif des activités des tathâgatas".

Au cours de l'explication de cet enseignement sur le sens définitif des activités des tathâgatas, soixante-quinze mille bodhisattvas atteignirent la compréhension et la parfaite connaissance du Corps absolu. À la fin du discours du Bienheureux, le jeune prince Mañjushrî, l'assemblée qui l'entourait et le monde des dieux, des asuras et des gandharvas, tous ensemble, ils louèrent cet enseignement du Bienheureux.

Ici s'achève le dixième et dernier chapitre, intitulé "Établissement des qualités du Grand Véhicule", du "Soûtra du Dévoilement du sens profond".

Achevé d'imprimer en septembre 2005
par **Bussière**
à Saint-Amand-Montrond (Cher)

35-49-2905-01/4

ISBN 2-213-62705-3

Dépôt légal : septembre 2005.
N° d'édition : 62145. – N° d'impression : 053436/4.

Imprimé en France